KB159588

뼈
의
방

법의인류학자가 마주한 죽음 너머의 진실

뼈의
방

리옌챈 지음 │ 정세경 옮김

현대
지성

차례

법의인류학자의 특별한 공간

의술에 대한 사랑이 있는 곳에
인간에 대한 사랑이 있다.

-히포크라테스

법의인류학자에게는 '놀이동산'이라고 부를 만큼 특별한 공간이 있다. 이곳을 '뼈의 방The Bone Room'이라고 부른다. 뼈의 방은 기증받은 유골을 모아둔 곳이다. 대부분 신원을 알 수 없거나 가족이 인수하지 않으려 하는 시신, 혹은 단체에서 연구 용도로 기증한 시체다. 뼈의 방에는 유골이 담긴 상자가 수백, 수천 개나 있다. 상자 하나하나가 한 사람을 상징한다고 생각하면 뼈의 방에는 수백, 수천 명이 머무는 셈이다. 덕분에 연구자들은 망자의 삶을 이해하고 그들의 이야기에 귀 기울이며 가려진 진실을 읽어낼 수 있게 되었다. 여느 사람에게는 특별할 것 없는 유해일 수도 있겠지만 연구자들에게는 소중한 보물이다.

뼈는 신기한 존재다. 단단하면서도 탄성이 높고 회복력이 뛰어나며, 심지어 자란다. 나이를 먹으면서 뼈도 함께 성장하고 변화하며 우리 일생의 모든 경험을 기록한다. 이런 뼈를 일컬어 '몸 안의 인생 기록'이라고 한다. 뼈에 새겨진 흔적들은 자신의 전기傳記나 마찬가지다.

언젠가 맡았던 사건에서 고인의 성적 취향을 이유로 유족이 시신 수습을 거부하고 관계마저 부정하는 모습을 본 적이 있다. 당시 내가 느꼈던 무력감은 시간이 한참 흐른 지금도 생생하다. 한 사람의 소중한 인생이 송두리째 부정당한 느낌이었다. 나는 그때 동료가 해준 한마디 덕에 겨우 마음을 추슬렀다. "적어도 우리는 그 사람을 좋아하잖아. 이곳 뼈의 방에는 그의 길동무들이 있고."

이 책은 '뼈의 방'처럼 뼈에 관련된 이야기와 고인의 생전 경험을 담고 있다. 물론, 모든 이야기가 원만하거나 유쾌하게 마무리되는 것은 아니다. 하지만 그들의 이야기는 종교와 문화, 사회, 역사, 과학, 철학을 통해 다양한 세대와 인간의 면면을 마주하게 한다.

뼈는 시간과 공간, 삶과 죽음의 경계를 뛰어넘는다. 철학이 죽음의 본질을 받아들였듯 뼈는 과학적·문화적으로 삶과 죽음을 이야기한다. 죽음은 아직도 알려진 것이 별로 없는 미지의 영역이다. 하지만 역사적으로 인류는 죽음 앞에 좌절하거나 포기하는 법이 없었다. 인간은 미신에서 이성으로 나아가는 길에서 의학이라는 강력한 무기를 손에 넣었다. 이는 의학을 흑마술쯤으로 보던 시대를 지나 과학으로 한 걸음씩 내디뎌 얻은 성과다. 인류는 의학을 발전시켰고, 죽음에 맞서려는 몸부림이 인간을 성장시킨 가장 큰 원동력이었음을 알게 되었다. 우리는 과거의 학자, 의사, 환자들의 경험을 빌려 거인의 어깨 위에 서서 미지의 미래와 맞서 온 것이다.

죽음이라는 장벽을 넘어 미래를 볼 준비가 되었는가? 그렇다면 나와 함께 뼈가 남긴 이야기를 들으며 시공을 뛰어넘는 여행을 떠나보자.

1부

삶과 죽음의
경계를 넘다

1장

이름을   되찾아야 하는

이유

어스름이 채 걷히지 않은 새벽, 미국 샌디에이고 남쪽 멕시코와 국경을 마주한 지역에 히스패닉 20여 명이 모여들었다. 날이 완전히 밝기 전에 멕시코로 출발하기 위함이었다.

그들이 완수해야 할 임무는 오직 하나, 국경을 넘다 실종된 사람들을 찾는 것이었다.

사막의 독수리들

사막에서 뼈를 찾아내는 일은 그리 어렵지 않다. 오랜 시간 햇볕을 쬔 탓에 유골이 표백되어 눈에 잘 띄기 때문이다. 이날은 열 달 전쯤 밀수업자를 따라나섰다가 소식이 끊긴 가족을 찾아

달라는 요청이 있었다. 새벽부터 모인 사람들은 '사막의 독수리 Aguilas del Desierto'라 불리는 조직의 자원봉사자들이었다. 미국 국경을 넘다가 실종된 사람들을 애타게 찾는 가족들에게 도움을 주고자 만든 단체다. 사막에 서식하는 독수리는 시각이 예민해서 먹잇감을 잘 찾는다고 한다. 이들은 독수리가 사냥을 하듯 실종자들을 찾는 데 총력을 기울였다.

'독수리' 자원봉사자들은 이날 꽤 많은 뼈를 찾았다. 갈비뼈는 물론이고 어깨뼈, 빗장뼈, 척추뼈, 아래턱뼈까지 부위도 다양했다. 근처에서 짙은 색 계열의 바지, 아디다스 축구화, 노란색 지갑 같은 소지품도 함께 발견되었다. 지갑 안에 있던 신분증에는 '필라델포 마르티네즈 고메즈Filadelfo Martinez Gomez'라는 이름과 출생일이 적혀 있었지만 발견된 뼈들과 신분증이 관계가 있는지 곧바로 증명할 수는 없었다. 신원을 되찾을 때까지 그 뼈들은 '170422145'라는 번호로 불렸다.

불법으로 국경을 넘던 사람들 대다수가 그렇듯 고메즈 역시 급격한 탈수로 죽었다고 추정되었다. 미국의 '비밀 묘지'라고 할 만한 이곳에서는 물을 마시지 못해 죽는 사람이 흔했다. 멕시코에서 미국으로 몰래 국경을 넘는 방법은 크게 세 가지가 있는데 그중 애리조나주를 통하는 길이 가장 험하다. 애리조나주 쪽의 국경을 넘는 데는 7~10일이 걸린다고 한다. 가장 큰 난관은 국경 순찰대도 높은 울타리도 아닌 날씨다. 사막 지역은 해가 뜨면 기온이 40도에 이른다. 이런 환경에서 성인 한 명에게 필요한 물은 하루에 4~7.5리터 정도다. 7일 만에 여정을 끝낸다 해도 약 53~57리터의 물이 필요하다. 1리터의 무게가 1킬로그램이므로, 7일 동안 57킬로그램의 물을 지고 국경을 건너야 한다는 뜻이다. 일반적으로는 불가능한 일이기 때문에 많은 사람이 탈수로 죽는다.

그럼에도 애리조나주 방향으로 가서 국경을 넘으려는 사람의 수는 매년 증가하고 있다. 2000년 이전에는 시체가 몇 구 발견되지 않았지만, 2001년에는 그 수가 79구로 크게 늘었다. 이는 캘리포니아와 텍사스의 국경 순찰이 강화되었기 때문이었다. 감시망을 피하려면 애리조나주를 넘어가는 가장 위험한 길을 선택할 수밖에 없었다.

2010년에는 시체가 249구나 발견되었다. 2016년에 발견된 시체는 169구로 줄었지만 이것이 국경을 넘으려는 사람의 수가 줄었다는 뜻은 아니다. 시신을 찾지 못하는 경우가 그만큼 늘어난 것이다. 비교적 안전한 미국의 서남쪽, 캘리포니아주를 통해 국경을 넘으려는 사람은 줄었지만 사망률은 해마다 증가했다. 2016년에는 398명, 2017년에는 412명이 죽음을 맞이했다. 관련 수색 팀과 법의학 전문가들은 사망자 수가 앞으로도 증가할 것으로 보고 있다.

실종자들이 국경을 넘다가 세상을 떠난다 해도 가족들은 소식을 들을 수가 없다. 그들이 어디에서 마지막 순간을 맞이했는지 알 길이 없기 때문이다.

이렇게 찾은 시체는 보통 시체 보관소에 맡겨졌다가 상태에 따라 법의학자forensic pathologist나 법의인류학자forensic anthropologist에게 간다. 법의인류학자는 형질인류학, 고고학, 문화인류학 등 다양한 지식을 응용해서 뼈를 분석한다. 법의인류학forensic anthropology에서 'forensic'은 법적 증거 혹은 법의학을 의미한다. 원래 'forensic'은 라틴어 'forum'에서 유래한 말로 법원이라는 뜻이다. 'Forensic'과 관련된 학과는 모두 법원에 증거를 제공하는 것을 목표로 연구하는 학문이라고 볼 수 있다. 이 말은 사건의 옳고 그름이나 유죄 여부를 판가름하는 것이 법의학의 핵심은 아니라는 뜻이다. 법의학이 추구해야 할 목표는 효과적으로 사건의 진상에 도달할 단서와 흔적을 찾는 것이다.

법의인류학의 역사는 길지 않다. 법의인류학과 관련한 가장 이른 기록 중 하나로 중국 남송南宋 시대의 송자宋慈가 1247년에 편찬한 『세원집록洗寃集錄』을 들 수 있다. 중국 법의학의 아버지로 불리는 송자는 『세원집록』에 사건 조사 방법과 상세한 검시 순서, 사인 추론 방법 등을 실었다. 그중에는 오늘날에도 유효하고 적용 가능한 내용도 있어 옛사람들의 예리한 관찰력에 감탄하게 된다. 당시에는 법의학 전담 인력이 없었고 검시관들은 산파만큼이나 관가의 신뢰를 얻지 못했다. 그래서 사건 담당자들은 시체를 검사하고 해부할 때 사고사인지 타살인지를 분명히 식별할 뿐만 아니라 상처가 죽을 때 생긴 것인지

16

사후에 생긴 것인지도 엄격하게 판별해야 했다.

송자는 『세원집록』에 시신의 성별 식별법과 사망 시간을 확인하는 법을 상세히 기록했다.

1. 성별 식별법

남자는 총 365개의 뼈가 있다. 이는 일 년이 365일인 것과 일치한다. 남자의 뼈는 여자의 뼈에 비해 검다. 여자는 아이를 낳을 때 피를 흘려 뼈가 물들기 때문이다.

남자의 두개골은 총 8개의 뼈로 이루어져 있다. 두개골은 경부(頸部)부터 양쪽의 귀, 뒤통수까지 포함한다. 머리 뒤쪽에는 가로 봉합선이 있고 위에는 머리카락 모근을 따라 두개골 끝까지 이어지는 세로 봉합선도 있다. 여자는 두개골이 6개의 뼈로 이루어져 있는데 가로 봉합선만 있다.

골반은 돼지의 콩팥과 같은 모양이다. 안으로 들어간 부분은 척추뼈와 접합점이 있다. 골반의 가장자리는 황궁 지붕의 장식처럼 뾰족한 가지 모양으로 튀어나와 있다. 골반에는 9개의 구멍이 있다(송자가 골반이라 묘사한 이 부위는 골반 옆의 엉치뼈다).

2. 시체의 부패

시체 부패 양상은 계절에 따라 다르다. 봄 세 달 동안은 2, 3일만 방치해도 입안의 연조직(신체에서 힘줄, 혈관 따위처럼 단단한 정도가 낮은 조직─옮긴이)과 코, 배, 가슴뼈, 명치가 모두 혈색을 잃기 시작한다. 열흘 뒤에는 코와 귀에서 액체가 흘러나온다.

여름에는 이틀 만에 연조직이 변색된다. 변색은 얼굴과 배, 갈비뼈, 명치에서 시작된다. 그로부터 사흘 뒤에는 시체가 회색빛으로 변하고 액체가 흘러나오며 시충(시체에 생기는 벌레-옮긴이)이 나타난다. 시체 전체가 부풀어 오르기 시작하며 피부가 벗겨지는 탈피 현상과 수포가 일어난다. 그로부터 4, 5일이 지나면 머리카락이 빠지기 시작한다.

가을에 시체를 2, 3일 정도 두면 봄과 같은 현상이 일어난다. 연조직, 특히 얼굴과 배, 갈비뼈, 명치에서부터 변색이 시작된다. 그로부터 4, 5일 뒤에는 코와 입에서 액체가 흘러나오며, 시체 전체가 부풀어 오르고 수포가 일어난다. 그로부터 다시 6, 7일이 지나면 머리카락이 빠지기 시작한다.

겨울에는 4, 5일이 지나면 시체가 누런 자줏빛으로 변하기 시작한다. 보름 뒤에는 봄과 같은 현상이 나타난다. 시체를 거적으로 싸매두었거나 습한 곳에 묻었다면 부패 과정이 더뎌질 수 있다. 날씨가 매우 더울 때는 죽은 지 하루 만에 바로 부패가 시작되기도 한다. 시체는 혈색을 잃고 회색이나 검은색을 띠게 되며, 악취를 풍긴다. 그로부터 3, 4일이 지나면 피부와 연조직이 모두 부패하고 시체가 부풀어 오른다. 코와 입에서 시충이 나타나며 머리카락도 빠지기 시작한다.

반면, 몹시 추운 계절에는 5일 동안 부패하는 정도가 봄철

하루의 부패 정도와 같으며, 보름 동안 부패가 진행되어도 더운 날 3, 4일 동안 부패하는 정도에 못 미친다. 게다가 남북은 기온 차이가 있다. 산 위의 기온은 상대적으로 안정적이다. 그러므로 이런 상황에서는 반드시 시체의 모든 변화를 자세히 살펴본 뒤에 판단을 내려야 한다.

시체의 부패는 다양한 환경 요소에 영향을 받게 마련이다. 앞서 열거한 검시법이 오늘날과 완전히 일치하지는 않지만 적어도 법의학에 대한 집념은 느껴진다. 13세기에 송자는 이미 날씨와 기후가 시체 부패에 미치는 영향을 분석할 줄 알았고 곤충 활동에 대해서도 알고 있었다.

서양에서도 상황은 마찬가지였다. 1940년 이전까지 법의인류학은 해부학자나 수술을 맡은 의사, 박물관과 대학에서 일하는 형질인류학자에게만 알려져 있었다. 이 시기에는 법의학과 관련된 연구가 매우 적었고, 법의학을 사건에 활용할 기회도 거의 없었다. 19세기 말 하버드대학교 교수인 토머스 드와이트Thomas Dwight는 법의인류학과 관련된 성별 및 연령 식별에 관한 연구 결과를 여러 차례 발표하며 '미국 법의인류학의 아버지'라는 호칭을 얻었다. 그 뒤로 법의인류학 연구가 활성화되면서 학자들이 배출되기 시작했다. 2008년에는 법의인류학 단체 'SWGANTHScientific Working Group for Forensic Anthropology'가 생겨났다. 이 단체는 법의학이라는 전문 분야의 원칙과 지침을 규정하여 연구의 정확성과 효율성을 높일 수 있도록 힘썼다.

법의인류학자의 임무는 뼈를 분석하여 유골의 정확한 신원을 확인하는 것이다. 법의인류학자는 사람들이 흔히 아는 법의학자와 다르다. 법의학자가 주로 시체에서 사망 원인을 찾는다면 법의인류학자는 뼈에서 사망의 종류와 사망 원인을 관찰해낸다. 법의학자들은 연조직이 남아 있는 시체를 다루기 때문에 부패 단계에 들어서거나 백골화된 시체를 접할 일이 거의 없다. 그에 비해 법의인류학자들은 이미 부패가 진행된 시체를 다룬다. 심지어는 미라화된 시체를 접하기도 한다.

법의인류학자는 유골을 건네받은 뒤 'Big 4'라고 부르는 정보(성별, 나이, 혈통, 키)를 찾아낸다. 여기에 생전의 흔적인 외상, 만성 질병, 활동 흔적을 조사해 보태면 유골의 주인에 관한 기록 파일을 만들 수 있다. 이런 기록이 있으면 가족을 찾을 가능성도 커진다. 그래서 법의인류학자를 일컬어 '이전-이후before-after' 전문가라고도 한다. '이전'이란 죽은 사람이 살아생전에 한 일, 겪은 일이 뼈에 미친 영향을 뜻하며 '이후'는 죽은 뒤 뼈에서 볼 수 있는 무언가를 말한다. 법의인류학자는 이 외에 인골을 찾아 수색하고 수습하는 일, 신원 식별에 도움이 될 만한 특징과 단서를 분석하는 일에도 능숙하다.

전통적으로 법의인류학자는 거의 백골화되었거나 완전히 백골로 변한 시체를 분석할 때 혹은 해부가 허락되지 않는 경우 등 특수한 상황에서 임무를 수행했다. 그러다가 점점 활동

범위가 확장되어 오늘날에는 외상 분석, 장례 방식 분석, 사후 경과 시간 추론 등을 통해 재난성 사건 조사에도 참여한다. 국제법이 적용되는 검시 과정에서 증거를 찾아 제시하기도 하며, 심지어는 살아 있는 사람을 조사할 때 투입되기도 한다. 이 때문에 법의인류학자는 자기 분야의 지식과 더불어 인류의 문화와 역사, 뼈의 변화에 영향을 줄 수 있는 다양한 요소를 연구해야 한다.

재난이나 대형 사고가 발생하면 법의학 업무를 담당하는 법의학 팀은 다양한 전문가들로 채워지며, 관련 기관의 인도적 구호 작업에 협조한다. 이때 법의학 팀에는 법의병리학 의사, 법의인류학자, 법치의학자, 생물학자 등이 참여해 정밀한 과학적 검증으로 시체의 신원을 확인하는 데 도움을 준다. 같은 시각, 경찰은 지문 감식과 여권 같은 문서를 감정하는 등의 업무를 진행한다. 법의인류학자들은 국제 법정에서 전범戰犯을 판결하는 데 증거를 제공하기도 하고 무연고자들이 묻힌 집단 무덤에서 사망 원인을 분석하여 고인이 생전에 학대를 당하지는 않았는지 연구할 때도 있다. 이런 일은 대체로 법의학자의 소관이 아니어서 법의인류학자들의 존재 가치가 드러난다.

법의인류학자는 골학骨學 교육에 집중하여 인류학을 바탕으로 눈앞의 상황에 대한 전면적이고 비판적인 사고를 하도록 훈련받는다. 법의인류학의 사고방식과 연구 방법은 인류학에서 가져온 것이 많다. 앞서 말했듯이 법의인류학자는 다양한 종족의 생활 방식과 음식, 환경을 모두 연구하기 때문에 법의학자들의 '비장의 카드'로 여겨지기도 한다. 해부하고도 사망 원인을 밝히지 못하는 경우 법의인류학자가 작은 단서라도 찾아내주기를 바라는 것이다. 그 때문에 업무가 비슷하면서도 다른 법의학자와 법의인류학자는 밀접한 협력 관계를 맺으며 서로를 존중한다. 실제로 내가 아는 법의인류학자들은 다양한 시체 해부를 관찰한 경험이 있으며, 시체 보관소에서 일해본 사람도 있다. 법의인류학자들은 법의학자들의 작업 방법과 순서, 단계를 숙지하고 있다.

법의인류학자와 법의학자, 법치의학자는 모두 법정에서 전문가 증인이 될 수 있다. 법의인류학자는 법의학의 다른 분야 전문가들과 달리 전쟁 범죄와 대량 사망 사고의 조사 업무에도 참여한다. 법의인류학은 인도주의 색채가 매우 강하고, 그렇기에 제한적으로 활용될 수밖에 없다. 법의인류학자들은 사회의 변화를 주도할 수도 없고 정책을 바꿀 수도 없다. 하지만 그들은 사람에 주목한다. 살아 있는 사람이든 이미 세상을 떠난 사람이든 무고한 사람이든 전쟁 범죄자든 사회의 변두리로 내몰린 사람이든 상관없다. 우리는 그가 이 세상에 사는 동안 존엄한 대우를 받았느냐에 주목한다.

안타깝게도 모든 시체의 마지막 순간이 원만했던 것은 아니다. 초반에 언급했던 이야기로 돌아오자. '독수리들'은 이번 프로젝트에 앞서 몇 개월 전에 사막에서 네 무더기의 사람 해골과 근방에 있던 휴대 전화 한 대를 찾은 적이 있었다. 그들은 휴대 전화를 충전하여 통화 내역이 남아 있는지 조사했다.

다행히도 휴대 전화에는 비밀번호가 걸려 있지 않아 손쉽게 마지막 통화 기록을 찾아낼 수 있었다. 마지막 통화는 무려 11분에 걸친 구조 요청이었다. 자원봉사자들은 경찰의 도움을 받아 통화 녹음 기록을 손에 넣을 수 있었다. 휴대 전화의 주인은 전화로 경찰에게 물을 가져다줄 수 있는지 물었고, 전화를 받은 교환원에게는 자신이 곧 죽을 것 같다고도 말했다. 당시 911은 전화를 국경 순찰대로 돌렸고, 국경 순찰대는 이 남자를 찾으려 나섰지만 끝내 찾지 못했다고 한다.

그들이 불법으로 미국에 들어가려 하지 않았다면 이런 비극은 일어나지 않았을 것이라고 생각할 수도 있다. 그 부분에 대해서는 잠시 판단을 보류하고 다른 면에 주목해보자. '170422145'는 신분증 등의 서류와 함께 발견되었기에 효과적이고 신속하게 신원을 확인할 수 있었다. 그 덕에 고인의 가족도 쉽게 찾을 수 있었고 DNA로 유골의 주인도 찾을 수 있었다. DNA 검사 결과가 나오기까지 기다려야 했지만 가족들은 이제라도 고메즈의 행방을 알게 되어 위로를 받았다고 말했다.

국제적십자위원회ICRC가 발표한「국제적십자위원회 보고서: 실종자와 그 가족들 The ICRC Report: The Missing and Their Families」에서는 실종자의 생사를 알지 못하면 유족은 마음의 상처를 치료하는 과정을 결코 시작할 수 없다고 지적했다. 가족을 잃는 것은 놀랍고 두려운 일이다. 더 나아가, 마음의 상처를 입은 사람들의 후손 역시 이 사건을 해결하는 과정에서 불공평함과 불공정함을 느껴 분노하거나 이웃과 친척의 비웃음 때문에 힘들어할 수 있다고도 말했다.

법의인류학자들이 희생자의 가족에게 해줄 수 있는 일은 그들을 대신해 정식으로 애도하고 땅에 묻어주는 것이다. 과학과 법의학의 도움으로 '170422145'는 본래 자신의 신원을 '새롭게' 얻어냈다. '170422145'라는 번호 대신 이름을 되찾아주는 것은 죽은 사람에 대한 존중이자 유족에 대한 존경이다. 이 과정을 통해 우리는 뼈에 다시금 인간성을 불어넣어 줄 수 있다. 법의인류학자는 죽은 이와 유족을 잇는 다리 역할을 한다. 유족의 의문에 답을 찾아주는 것이야말로 법의인류학자가 실현할 수 있는 인권이고 의무이자 정의다.

진상이 밝혀진다고 죽은 사람이 살아 돌아오는 것은 아니다. 하지만 이름 없이 죽어간 사람들의 목소리를 들을 수만 있다면 삶과 죽음의 경계를 넘는 일은 계속되어야 한다. 뼈에 남겨진 흔적을 토대로 우리는 망자의 이야기에 귀를 기울인다. 법의인류학자의 본분은 말할 수 없는 망자를 대신해 그들의 이야기를 세상에 알리는 것이다.

2장

뼈 대신 말하는 사람

> 개개인 뒤에 숨겨진 이야기, 그것이 우리가 그들을 연구하 는 이유다.
>
> - 슈테판 셰펠스(고고학자)

집단 무덤이 주는 전율은 끔찍하기가 이루 말할 수 없다. 집단 무덤에는 보통 십여 구에서 백여 구의 해골과 시체가 있는데, 정말이지 보는 것만으로도 오싹하다. 하지만 법의인류학자들은 그 무덤을 지키는 데 힘쓰고 피해자들을 위해 정의를 되찾아 주어야 한다.

이라크의 2대 도시인 모술은 과거에 이미 와해된 극단주의 조직 '이슬람국가Islamic State'의 지속적인 공격을 받았다. 이라크 군대는 전쟁 중에 모술 남부에서 총 세 개의 집단 무덤을 찾아냈다. 그중 한 무덤에는 1차 추정만으로도 백여 구의 시체가 목이 잘린 채 발견되었다. 나머지 두 무덤은 우물 안에 있었는데 그곳에는 시체가 250구도 넘게 묻혀 있었다. 당시 이라크군은 전쟁이 끝나면 집단 무덤이 훨씬 많이 발견될 것이라고 확신했다. 2016년의 통계에 따르면 이슬람국가 점령 시기에 시리아와 이라크에는 72개의 집단 무덤이 생겨났고, 그곳에 5,200~15,000구의 시체가 묻혀 있을 것으로 추정했다. 안타까운 사실은 세계 곳곳에서 이런 집단 무덤을 어렵지 않게 찾을 수 있다는 것이다. 한때 전란이나 전쟁이 있었던 곳에는 어김없이 집단 무덤의 흔적이 있다. 전쟁이 끝나고 수십 년이 지났지만 캄보디아나 코소보, 보스니아 등지에서는 아직까지도 새로운 집단 무덤이 종종 발견된다. 집단 무덤을 신중하게 보존하고 다루어야 하는 이유 가운데 하나는 그 안에 가해자를 처벌할 수 있는 가장 중요한 단서가 숨겨져 있기 때문이다.

나는 이미 고인이 된 법의인류학자 클라이드 스노우 Clyde Collins Snow를 존경한다. 그의 회고록『무덤 속의 증인: 뼈가 들려주는 이야기 Witnesses from the Grave: The stories Bones Tell』에는 아르헨티나의 법의인류학 팀 EAAF의 연대기가 나온다. EAAF는 오늘날 세계 각지에서 유명세를 떨치고 있는 최고의 법의인류학 기구다. 1984년, 평범한 대학원생에 불과했던 그들은 70, 80년대에 아르헨티나에서 '사라진' 사람들의 유골을 검증하는 작업을 시도했다. 그 팀의 일원이었던 클라이드 스노우는 납치 및 살해 사건을 다룬 법정에서 피해자 릴리아나 페레이라 Liliana

Pereyra의 두개골 사진을 공개했다. 그는 릴리아나가 자신이 뒤통수에 총을 맞아 목숨을 잃었다는 사실을 뼈를 통해 이야기한다고 증언했다. 그녀의 유골은 재판에서 중요한 증거가 되었다. 범인은 릴리아나에게 총을 쏜 뒤로 그녀의 이야기가 영영 묻혔다고 생각했을 것이다. 그러나 법의인류학자 클라이드 스노우가 범인의 그런 순진한 생각을 산산조각 내버렸다.

유족은 죽은 가족에게 어떤 일이 일어났는지 알 권리가 있다. 죽은 이가 신원을 되찾아야 시신이 본래 있어야 할 자리로 돌아갈 수 있지 않겠는가. 하지만 국제법에는 집단 무덤을 보호하고 감독·관리할 수 있는 전문 법례가 아직 없다. 그래서 집단 무덤이 오랜 기간 방치되어 그 안의 증거나 유골이 소실되는 경우가 꽤 많다. 조속히 개선되어야 하는 실정이다.

발굴의 3대 원칙

고고학의 이미지는 영화에서 비롯된 경우가 많다. 땅에서 오래된 유물을 발굴해내는 장면을 떠올리는 사람도 많을 것이다. 하지만 이는 시대에 약간 뒤떨어진 이야기다. 고고학은 오히려 법의학과 비슷한 면이 많다.

고고학과 법의학은 모두 사건 발생 순서를 밝히고 발생 요인을 찾아내는 일을 한다. 두 학문에서 도출해낸 결과는 다를 수 있지만 증거를 찾아 사건의 논거로 삼으려는 목표는 같다.

고고학은 물적 증거를 연구해 패턴과 연관 관계를 확정 짓는 과학으로, 상황의 배후 사건을 알아내는 학문이다. 하지만 감식과나 법의학 조사 요원이 숨겨진 묘지 혹은 무연고자들이 묻힌 공동묘지를 찾는 일은 거의 없다.

사람들은 흔히 유골을 빨리 발굴할수록 좋다고 생각한다. 하지만 이는 큰 착각이다. 유골이 훼손되거나 유골 주변의 증거가 망가질 우려가 있어 늘 신중을 기해야 한다. 법의고고학은 이런 잘못된 생각을 바로잡기 위해 나타났다. 법의고고학자들은 사람의 유골을 찾고 발굴하고 기록하는 방법에 집중한다. 그래야 현장에서 시체를 옮기기 전에 묘지가 만들어진 시기, 시체를 넣어두거나 방치한 방법, 유골과 주변 물건의 관계 및 남겨진 물품 등 유골과 관련된 정보를 최대한 많이 확보할 수 있다. 고고학은 정확하고 세밀하게 기록하여 관련 증거를 재구성하는 데 효과적이기 때문에 범죄 현장 발굴에도 적용된다. 이는 죽은 사람의 신원을 확인하고 사건 발생 과정을 이해하는 데 매우 큰 도움이 되며, 범죄자를 찾는 일에도 커다란 역할을 한다. 법의인류학자 클라이드 스노우는 다음과 같은 글을 쓴 적이 있다. "고고학자들이 비슷한 상황에서 지금껏 사용해온 방법을 개선한다면 무덤과 그 표면을 체계적으로 재구성하여 물건을 찾을 수 있을 것이다."

물론, 고고학과 법의학은 엄연히 다른 학문이다. 가장 큰 차이는 고고학이 오래된 물건과 상황을 연구하는 데 반해 법의학은 비교적 최근의 것들을 다룬다는 점이다. 하지만 두 학문이 마주하는 상황은 모두 일회적이라는 공통점을 갖는다. 현장을 발견한 순간부터 작업이 진행될 때마다 현장은 변화하고 오염되며 증거를 잃기 때문이다. 따라서 다음과 같은 고고학의 몇몇 중요한 원칙들은 법의학에도 그대로 적용할 수 있다.

1. 누중의 법칙 Superposition

범죄 현장에서는 유기물이든 무기물이든 모든 것을 정해진 순서에 따라 놓아야 한다. 법의고고학의 시각에서 보면, 발굴 과정에서 가장 먼저 발견되는 것이 가장 최근에 놓인 것이며 반대로 깊은 곳에 있을수록 오래되었을 가능성이 높기 때문이다.

29

2. 공반 관계 Association

같은 지점에서 발견되거나 특징이 있는 물건과 함께 발견되는 물건은 관계가 있게 마련이다. 일반적으로 법의고고학에서는 같은 무덤(예를 들어 집단 무덤 같은) 안의 모든 유골은 서로 관련이 있으며 하나의 사건에서 비롯되었다고 본다.

3. 반복 Recurrence

중복해서 나타나는 일은 우연이 아니다. 무덤에서 찾아내는 물건이나 자주 사용하는 기계 등을 보면 알 수 있다. 예를 들어, 동양인의 장례 문화에 익숙하지 않은 사람이 있다고 해보자. 동양인들이 무덤 앞에 국화를 놓는 것을 보면 그 행위가 우연이 아니며 국화에 상징적인 의미가 있으리라는 것을 추측할 수 있을 것이다.

이 세 가지 원칙은 법의고고학 및 고고학의 핵심 개념 중 하나인 '맥락'으로 확장된다. 맥락은 하나의 물건 혹은 몇 개의 물건이 같은 체계나 공간에 들어온 후 자연환경과 상호 작용하여 관계가 형성되는 것을 말한다. 예외는 없다. 이를 조사하고 연구하는 우리도 마찬가지다. 체계적으로 기록하고 처리 방법을 계획하는 일은 매우 중요하다. 맥락을 알아야 증거의 의미를 온전히 이해할 수 있기 때문이다.

법의고고학은 3차원으로 위치를 측정하는 과학이다. 길이, 너비, 깊이는 미터나 센티미터 단위로 기록한다. 기록을 마친 뒤에는 더 많은 뼈가 드러나기를 기대하면서 흙덩이를 살살 훑어낸다. 이때 작은 뼈(깨진 뼈, 손뼈, 발뼈 등)들을 급하게 끄집어내서는 안 된다. 법의인류학자들은 온전한 손발 뼈는 천이나 비닐봉지, 끈으로 고이 싸두어야 원래의 위치를 유지하면서도 뼈가 흩어지지 않는다는 것을 잘 알고 있다. 그래야 이후에 발굴하는 사람이 뼈의 상태와 자세를 정확히 기록하여 효과적으로 분석할 수 있다. 이렇게 물건을 원래 자리에 있던 상태로 유지하는 것을 '인 시투in situ'라고 한다.

법의인류학자는 발굴과 분석을 동시에 진행할 수 없다. 그래서 모든 물건은 반드시 기록과 함께 봉투에 담아 보관해야 한다. 봉투에는 사건 번호와 날짜, 담당자 이름, 안에 뼈가 있는

지, 있다면 어디 뼈인지, 오른쪽인지 왼쪽인지 등을 정확히 적어야 한다. 또한 기록에 앞서 사진을 찍고 뼈의 자세와 뼈가 향한 방향을 그려두어야 한다. 그림과 글을 함께 남겨 최대한 상세하게 기록하는 것이 좋다. 발굴이 끝나고 뼈가 옮겨진 후에는 무덤이 원래 모습으로 돌아올 수 없기 때문이다.

특히, 시체의 자세를 정확히 묘사하는 것이 중요하다. 시체의 자세는 다리와 손, 머리 세 부위를 위주로 기록한다. 다리는 '곧게 펴짐', '반쯤 구부러짐', '구부러짐' 혹은 '태아 자세'로 구분해 쓴다. 손은 '몸 옆으로 곧게 내림', '골반 앞으로 교차함', '가슴 앞으로 교차함', '머리 위로 높이 듦' 네 가지로 나누어 기록한다. 마지막으로 머리는 '똑바로 보고 있음', '왼쪽으로' 혹은 '오른쪽으로', '아래턱이 가슴에 닿음', '뒤쪽으로 젖혀짐' 등 시선이 향하는 방향을 묘사하여 기록한다. 사람마다 다르게 이해할 수 있으므로 상세하게 쓸수록 좋다.

회복적 정의를 실현하기 위하여

죽은 이가 정말 우리 곁을 떠난 것은 아니라는 말이 있다. 고고학과 감식 과학의 측면에서 보면 더욱 그렇다. 일반적으로는 사람이 죽으면 백골이 되어 결국 흙으로 돌아간다고 알고 있다. 하지만 사실 사람의 몸은 인성(잡아당기는 힘을 견디는 능력―옮긴이)이 매우 강해 보존 환경만 받쳐주면 천만년 뒤에도 남아

유골 세 구가 한 집단 무덤에서 발견
되었기 때문에 반드시 고고학의 3대
원칙을 이용해 관계를 밝혀야 한다.

있을 수 있다. 과학 기술이 발전함에 따라 오늘날에는 시체의 연조직이 부패한 뒤에도 죽은 사람과 관련된 생전의 흔적을 확보할 수 있게 되었다. 옛사람의 면면을 이해한다면 우리는 과거와 현재를 훨씬 정확하게 이해할 수 있을 것이다.

1920년대 케이프타운대학교에 재학 중이던 학생이 스코틀랜드 북부의 서덜랜드 농장에서 비합법적인 방법으로 총 아홉 사람의 유골을 손에 넣었다. 이 아홉 명에는 여성이 둘, 아이가 둘 포함되어 있었다. 그는 이 유골들을 교육과 연구를 위해 써달라며 모교의 의과대학에 기증했다. 기록에 따르면 이들은 붙잡혀 끌려온 뒤 강제 계약을 맺고 이 농장에서 일하게 되었다.

그로부터 한 세기가 흐른 2017년 무렵, 케이프타운대학교에서 시신 관리를 책임지고 있던 빅토리아 기번_{Victoria Gibbon} 박사는 학교에 보관되어 있는 자료를 조사하다가 과거에 비합법적으로 얻었던 열한 명의 유골을 우연히 발견했다. 이를 계기로 대학에서는 서덜랜드 농장의 시신 아홉 구를 중심으로 2년에 걸쳐 공공 반환 프로젝트를 진행했다. 유골을 과학적으로 검증해서 후손에게 돌려주려는 목적이었다. 이 프로젝트의 가장 중요하고도 어려운 작업은 오래된 뼈에서 DNA를 추출하는 것이었다. 유골의 주인들이 어디에 살았는지, 가족은 누구인지를 밝히려면 반드시 해야 하는 일이었다. 다행히도 최근 10년간 오래된 뼈에서 DNA를 추출하는 기술이 진일보했다. 법의고고학과 고고학으로 찾아낸 유골 주변 환경의 증거와 유물을 바탕으로 프로젝트 팀은 한 인간으로서 유골이 가진 이야기를 이해할 수 있게 되었다.

부패는 심장 박동과 호흡이 멈춘 직후부터 시작되며 인체 조직은 서서히 분해된다. 그 때문에 법의학자들은 짧은 시간 안에 다양한 병리를 관찰해 고인이 언제 세상을 떠났는지를 계산한다. 시체의 연조직이 완전히 부패한 뒤에는 뼈만 남는다. 뼈와 치아는 딱딱하고 질긴 조직이어서 시체가 전부 부패한 뒤에도 오랫동안 형태를 유지한다.

뼈는 평생에 걸쳐 만들어지며 나이에 따라 다른 성장 비율과 속도로 자라난다. 뼈 안에는 개개인의 정보가 숨겨져 있다. 우리는 뼈의 화학 성분이나 형태를 분석해 생전의 생활 환경과 활동을 알아낼 수 있다. 또한, 뼈 안에서 일어난 변화를 자세히 분석하면 나이와 관련된 정보뿐 아니라 뼈의 주인이 언제 어떤 사건을 겪었는지도 밝혀낼 수 있다. 뼈는 유기와 무기 성분으로 구성되어 있어 보존 환경에 따라 앞서 말한 정보가 온전히 남아 있을 수도 있다. 잘 보존된 뼈에서는 DNA를 추출하여 신원을 감식해낼 가능성이 크지만, 고온의 환경에 놓여 있었던 뼈에서는 DNA를 추출하기가 쉽지 않다. DNA는 유기물인데, 고온에서는 쓸모 있는 유기물들이 모두 빠져나가기 때문이다. 화장터에서 불에 태운 뼛조각에서는 DNA를 감식할 수 없는 이유도 이와 같다.

서덜랜드 농장의 유골과 관련된 기번 박사 팀의 프로젝트는 클라이드 스노우 박사의 연구와 성격이 조금 다르지만 결과에는 비슷한 면이 있었다. 최종 DNA 감정 결과 아홉 구의 유골은 모두 코이산인(아프리카 남서부에 사는 소수 인종—옮긴이)으로 밝혀졌다. 그리고 유골의 주인들이 어떤 비인도적인 대우를 받다가 세상을 떠났는지도 알게 되었다.

모든 분석과 감정 절차를 마친 뒤 기번 박사 팀은 유골 주인의 후손들과 화상 회의로 만났다. 그들은 이 프로젝트를 통해 기술과 연구가 가정에 얼마나 큰 영향을 줄 수 있는지 그리고 회복적 정의를 가져오는 데 어떤 역할을 하는지 깨달았다. 이 프로젝트의 진정한 의미는 피해자의 가족뿐 아니라 스코틀랜드, 더 나아가 케이프타운 사람들에게까지 과거에 어떤 참혹한 역사가 존재했는지 널리 알렸다는 것이다.

뼈에서 찾은 다잉 메시지

이런 이야기는 고인의 신원을 찾기 위한 조사에 물꼬를 터주었다는 데 의의가 있다. 법의인류학자의 마지막 목표 가운데 하나는 죽은 자를 위해 목소리를 내는 것이다. 죽은 사람이 누구든 누구에게 죽임을 당했든, 심지어 배후에 군대나 정부가 있든지 간에 상관없이 말이다. 억압받고 착취당한 사람들, 살해된 사람들, 학대를 당하고 연고자도 없이 아무 데나 묻힌 사람들, 집단 무덤에 묻힌 사람들을 위해 더욱 그래야만 한다. 물건 취급을 받았던 그들은 어떤 존중도 받지 못했고 인간으로서 존엄도 지킬 수 없었다. 법의인류학자는 단순히 범인을 찾는 것에 그치지 않고 억압을 당한 채 무덤에 묻혀야 했던 '증인'을 통해 사건의 진상을 밝혀야 한다.

법의인류학자의 작업에 깊은 의미가 있다고 하지만, 인도주의에 어긋나는 행위를 다루고 조사하는 일은 큰 도전이다. 재난을 겪은 곳에서 이루어지는 인도적인 조사 작업은 유족들에게 남다른 의미가 있다. 생환자의 기록을 다루는 것 역시 법의인류학자가 해야 할 핵심 업무다. 법의인류학자가 상처 입은 가족의 감정을 효과적으로 보듬지 못하면 사회의 정서적 회복이 더뎌지기도 한다. 모순된 말처럼 느껴질 수 있지만, 시체의 신원을 찾고 나면 유족들은 평온을 되찾는다. 오랫동안 행방을 몰라 시달렸던 두려움에서 해방되기 때문이다. 고인의 죽음이 불행했던 역사적 사건 때문이었음을 확인한 후에야 자책을 멈출 수 있게 된다. 이를 기점으로 유족들은 새로운 삶을 시작할 수 있다.

나는 과거에 일어났던, 혹은 지금도 일어나는 대량 학살이나 종족 몰살 사건에 관한 글을 읽을 때마다 피해자나 생환자가 직접 보고 들었을 현실에 가슴이 조여 온다. 그들을 막다른 곳까지 내몰았을 참상이 그려지기 때문이다. 하지만 우리는 짐작만 할 수 있을 뿐 실제로 어떠했는지는 가슴 깊이 이해할 수 없다. 다행히 현장에서 도망쳐 나와 살았다 해도 사랑하는 사람이 살해되었다는 사실을 아는 순간 생존의 기쁨은 사라질 수밖에 없다. 이런 사람들을 위해 우리가 할 수 있는 유일한 일은 과학으로 사건의 진상을 밝혀서 알려주는 것뿐이다.

　　가해자는 죽음과 살해 방법을 숨기는 것만으로 피해자의 목소리를 막았다고 믿겠지만, 피해자는 전혀 다른 방식으로 억울함을 호소한다. 뼈의 이야기를 해독해 사건의 진상을 쫓기 위해서는 때때로 시간과 공간, 삶과 죽음의 경계를 뛰어넘어야 한다. 법의학은 꾸준히 발전하고 있는 과학 감정 기술을 통해 뼈의 특성과 뼈에 난 상처를 연구하고 있다. 여기에 고고학의 체계적인 분석과 발굴이 더해지면 깊은 곳에 묻힌 사람들의 이야기를 들을 수 있다. 물론 그런다고 죽은 사람이 살아 돌아오지는 않는다. 하지만 유족의 상처와 아픔을 치유하는 데 도움이 될 수는 있을 것이다.

　　이런 불행한 사건들에서 알 수 있듯, 법의인류학자는 모든 작업을 투명하게 진행하여 유족에게 고인의 마지막 순간을 명확히 알려주어야 한다. 그래서 유족이 이전과 같을 수 없는 인생을 마주할 준비를 하도록 도와야 한다. 오랫동안 이 일을 하면서 깨달은 점이 하나 있다. 법의학으로 살인범을 잡는 것보다 과거와 미래를 연결하는 일이 더 중요하다는 것이다. 과거는 죽은 자들이 어떤 일을 겪었는지 밝히는 것이며 미래는 다시 힘을 낼 수 있도록 기운을 북돋는 것을 뜻한다. 역사적 배경, 정치, 종교는 달라도 억울하게 세상을 떠난 사람들의 죽음은 한결같은 답을 준다. 바로 뼈 너머의 인간을 잊지 말라는 것이다.

3장

흔적을 따라가다 보면

> 어디를 가든 무엇을 만지든 우리는 흔적을 남긴다.
>
> -루이스 토마스
>
> 모든 접촉은 흔적을 남긴다.
>
> -로카르의 교환 법칙

1845년 5월 존 프랭클린John Franklin 경은 영국의 항해 탐험대를 이끌고 북서 항로(북대서양에서 캐나다 북극해 제도를 통과해 태평양으로 연결되는 항로)를 개척하기 위해 나섰다. 그런데 이 탐험에 투입된 에리버스호HMS Erebus와 테러호HMS Terror는 1846년에 129명의 선원 모두와 함께 실종되고 말았다. 탐험대는 캐나다 북부에 들어선 뒤 소식이 끊겼다. 사람들은 이 사건의 전말에 대해 다양한 추측을 내놓았다. 그중 하나에 따르면 겨울에

탐험대가 비치섬에 도착했고, 탐험대원 세 명이 세상을 떠나 지금까지 그 섬에 묻혀 있다는 것이다. 실제로 이들 세 명의 시신은 1980년대 말 미라 상태로 발견되었다.

그들의 사인은 추위도 식수도 음식도 아니었다. 연구자들은 사망 원인을 폐결핵에 의한 폐렴과 납 중독으로 추정했다. 시체의 머리카락과 뼈, 조직에서 추출한 표본 검사를 통해 실제로 체내 납 함량이 정상치의 100배에 이른다는 것을 확인했다. 납 함량이 높을 경우 극심한 통증과 피부 마비, 신경 쇠약, 방향 감각 상실 등의 증세가 나타난다.

서서히 숨통을 조이는 납

납은 아주 오랫동안 대중 소비문화의 한자리를 차지해왔다. 오늘날까지도 화장품에서 납의 그림자를 찾을 수 있다. 한 역사학자에 따르면 18세기의 여성들은 납에 식초를 섞어 파운데이션 만드는 법을 알았다고 한다. 당시 이상적으로 생각했던 새하얀 피부를 만들고 잡티를 가리기 위해서 말이다. 장사꾼들은 이런 절호의 기회를 놓치지 않았고 납이 든 화장품을 대량으로 만들어 돈을 벌어들이기 시작했다. 'Bloom of Ninon' 같은 브랜드의 제품은 18세기의 히트 상품이었다. 하지만 소비자들은 이 완벽해 보이는 화장품으로 인해 피부에 독극물이 스며들어 인체에 해를 끼친다는 사실을 알지 못했다. 납이 든 화장품을 오래 사용할 경우 머리가 하얗게 세고 극심한 복통이 일어나며 치아가 빠지거나 눈이 멀고 피부가 건조해지는 등의 증상이 나타난다. 심하면 사망에 이르기도 한다.

20세기 초 광고가 막 출현한 시기, 납이 함유된 페인트를 만들던 제조상은 광고에서 납이 아이들에게 무해하다고 설명했다. 하지만 납 처리를 담당하던 미국의 노동자 중에는 환각을 보거나 정신 착란으로 창문에서 뛰어내려 죽는 사람까지 나타났다. 이 무렵, 납의 이미지를 '보호'하는 일에 앞장서는 과학자가 나타났다. 이는 역사상 건강과 환경에 위협에 되는 존재를 숨기기 위해 과학자를 이용한 최초의 사례다. 독물학 박사였던 로버트 케호Robert Kehoe는 페인트 공장에 고용되어 전문가의 신분으로 납에 대한 대중의 의심을 불식시키며 다음과 같이 주장했다. "납은 대자연이 준 자원 중 하나입니다. 납을 다뤘던 노동자들은 직업상 상해를 입은 것일 뿐, 작업 수칙을 잘 지키면 위험을 낮출 수 있습니다. 게다가 소비자에 대한 납의 유해성은 지금껏 한 번도 증명된 적이 없습니다." 이후 누구도 로버트 케호 박사의 의견을 의심하지 않았다. 지구화학자 클레어 패터슨Clair Patterson이 나타나 다음과 같이 반박하기 전까지는 말이다. "산업혁명이 시작된 이래 지구의 납 오염은 이미 심각한 수준에 이르렀고, 납이 함유된 휘발유가 개발된 뒤로는 악화일로를 달리고 있다."

영국의 항해 탐험대 사건으로 돌아오자. 탐험대는 선원 세 명을 섬에 묻은 뒤 남쪽으로 출발했다. 하지만 1846년 9월,

두 척의 배는 얼음과 눈 사이에 갇혔고 다시는 출발할 수 없게 되었다. 추정에 따르면 탐험대는 결국 이 배를 포기하고 1천 마일을 걸어갔다고 한다. 그런데 이상하게도 선원들이 배에서 들고 내린 것은 마실 물이나 양식이 아니라 쟁반이나 책상 같은 것들이었다. 그들이 지나온 길을 따라 이런 물건들이 버려져 있었다고 한다. 더 놀라운 점은 그 길에서 사람의 유골은 발견되었지만 식인의 흔적은 없었다는 것이다.

　　선원들의 이상 행동에 대해서는 괴혈병, 아연 결핍, 폐결핵 등 다양한 질병이 원인으로 거론되고 있다. 하지만 어떤 추정이든 결국은 납 중독과 연관된다. 출항 일정이 촉박하여 식량 공급업자를 제대로 선정할 수도 없었고, 그나마도 식량을 준비할 시간이 부족했다고 전해진다. 음식은 모두 캔에 포장되었고, 캔 용기의 원료는 납이었다. 훗날 전문가들은 캔의 납땜이 제대로 되지 않았을 것이라고 주장하기도 했다. 납이 캔 안에 있는 음식에 스며들어 보툴리눔 중독(보툴리눔은 식품을 매개로 전파되는 신경 독소 박테리아로 고온 살균 처리가 부실할 경우 빠르게 증식해 뇌 신경 마비를 일으킨다―옮긴이)을 일으켰을 것으로 추정했다. 하지만 음식물 섭취만으로는 혈중 납 농도가 그렇게까지 높아지지 않는다. 따라서 선원들이 마셨던 식수도 오염되었던 것으로 추정할 수 있다. 설계도에 따르면 배에는 바닷물을 식수로 정화하는 여과 시스템이 설치되어 있었는데, 이 송수관 역시 납으로 만들어졌다고 한다. 납은 다음과 같은 상황에서 물에 쉽게 녹는다.

1. 물이 막 증류된 연수軟水일 때

2. 새 수도관 안에 일시적으로 격막이 없을 때

3. 물이 뜨거울 때

이상의 논점을 종합해봤을 때 영국 항해 탐험대는 납에 중독되었을 가능성이 상당히 크다. 하지만 2018년, 이 항해 탐험대의 뼛속 납 함량에 주목한 연구 결과가 지금까지의 추정에 반기를 들고 나섰다. 그들 연구 팀은 앞서 사망했던 선원들과 뒤에 실종된 선원들의 뼛속 납 함량을 비교했다. 상식대로라면 뒤늦게 세상을 떠난 선원들의 뼈에 훨씬 많은 납이 함유되어 있어야 했지만 조사 결과 둘의 수치는 비슷했다.

납 중독이 항해 탐험대의 사망 원인이 아닐 수도 있다. 하지만 지금까지의 연구 결과가 선원들이 배에서 이상한 물건들을 들고 내린 이유 정도는 해명해줄 수 있을 것이다.

지금 우리는 안전할까

물의 납 오염 문제는 과거에 그치지 않는다. 현재까지도 미국을 비롯한 세계 곳곳에서 같은 문제로 애를 먹고 있다. 미국 미시간주는 비용 절감을 위해 디트로이트의 급수 시스템 사용을 포기하고 플린트강에서 물을 직접 뽑아내기로 했다. 하지만 수도관이 노화된 탓에 물의 납 함량은 기준치를 한참 초과하고 말았다. 현재 미국의 여러 도시에서는 수도관에서 납이 흘러나오는 것을 막기 위해 음전하의 인산염 화합물을 수원水源에 첨가한다. 인산염이 양전하의 납 이온과 결합하여 만들어지는 인산 납 (발암성이 만들 있는 흰 가루로 물에 잘 녹지 않는다—옮긴이)은 수도관 바닥에 가라앉기 때문이다.

　　사실 납은 예나 지금이나 일상생활에서 중요한 역할을 맡고 있으며 역사적으로도 납의 용도에 대한 기록은 많다. 게다가 원가가 낮고 납을 재료로 쓰는 공업이 폭넓게 자리 잡고 있다 보니 우리는 납에 쉽게 노출된다. 사람들은 공기, 먼지, 진흙, 물 등 다양한 매개체를 통해 납과 접촉한다.

　　만성 중독을 일으키는 납 성분은 뇌와 간, 신장, 뼈에 영향을 줄 뿐만 아니라 뼈와 치아 속에도 저장된다. 납에 중독된 상태에서 임신하면 뼈에 저장된 납이 혈액을 타고 자궁에 전달되어 태아의 발육에도 영향을 준다. 납의 독성이 높은 것은 납이 철이나 아연같이 세포의 성장에 필요한 금속 원소를 모방하기 때문이다. 체내의 세포 효소는 이런 위장에 감쪽같이 속아 납을 영양분으로 착각하여 결합한다. 그러나 납은 세포가 필요로 하는 영양분을 전혀 공급할 수 없다. 오히려 신경의 전도傳導를 막아 세포와 세포 사이의 소통을 막는다. 또한, 기억과 학습을 방해하여 납에 중독되면 기억력이 현저히 감퇴한다.

　　납 중독은 모든 나이대의 사람에게 나타나며 아이들이 가장 취약하다. 납은 정상 수치 기준이 모호한 데다가 중독의 양상도 다양해 소량의 납에 중독되었을 때는 스스로 알아차리

43

기 쉽지 않다. 납 중독을 진단하기 위해서는 반드시 혈액 검사를 받아야 한다.

그렇다면 뼈에 있는 납은 어떻게 검사할 수 있을까? 대개는 엑스선 사진으로도 볼 수 있다. 납에 중독된 경우 팔다리 뼈의 말단이 유난히 밝고 하얗게 보인다. 납을 세포의 성장에 필요한 원소로 착각하여 뼈 말단에 저장하기 때문이다. 하지만 납에는 발육과 성장에 도움을 주는 작용이 없어 축적될 수밖에 없으며, 오래된 납일수록 엑스선 사진에 더 선명하게 보인다. 이 외에도 뼈의 납 함량을 알아내는 방법이 하나 더 있다. 바로 미시적 세계의 도움을 받는 것이다.

래리가 아니라 포춘이었다

법의인류학만 납 함량 검사에 미시적 과학을 활용하는 것이 아니다. 지리학, 고고학에서도 납을 이용해 인류나 종족의 변천사를 이해한다. 미시적 화학과 지리학의 과학 기술을 이용하면 뼈에 있는 안정 동위 원소 정보를 분석하는 데 도움을 받을 수 있다. 동위 원소를 분석함으로써 연구자는 죽은 이의 과거를 미시적 측면에서 이해할 수 있다.

법의인류학에서는 아무도 찾지 않는 시체의 신원을 확인하는 일에 동위 원소 분석을 활용하여 죽은 사람이 생전에 다녔던 장소 같은 사소한 정보를 얻는다. 정확한 주소까지 알 수 있는 것은 아니지만 분석 결과가 출생지 추정에 도움을 주기 때문에 수색 범위를 효과적으로 줄일 수 있다. 이렇게 알아낸 정보를 실종자 데이터베이스와 비교하고 실종자 가족에게도 관련 자료를 받으면 신원을 밝혀낼 확률이 더 높아진다.

동위 원소 분석은 지리학, 생물학 등의 연구 영역에서도 활용된다. 포도주의 원산지와 생산지를 분석해 가짜 술이 시장에 나오는 것을 막는 일에도 동위 원소 분석이 쓰인다. 일반적으로 고고학에서 동위 원소 분석은 한 집단의 식습관과 유동성(이동 등이 있는지 없는지)을 알아보는 데 사용한다.

동물과 사람의 뼈, 치아의 법랑질은 동식물, 음식, 식수의 근원을 반영한다. 스트론튬은 어린 시절의 거주지를 추정하는 데 유용하다. 이것들을 관련 수치 자료와 비교하면 범위를 대강 추정하여 이동 노선과 패턴을 알아낼 수 있다. 동위 원소 분석은 '당신이 먹고 마신 것이 바로 당신이다'라는 믿음에 기초한다. 실제로 모든 음식물의 화학 성분은 우리 몸 안의 조직과 체액에 반영된다. 뼈의 콜라겐, 치아의 법랑질, 머리카락과 손톱의 케라틴, 치아와 뼈의 광물 성분 분석을 통해 우리는 한 사람의 평생에 걸친 생활 습관을 이해할 수 있다. 그중에서도 머리카락과 손톱의 동위 원소 분석을 통해서는 단기간(1~3개월)의 식습관과 여행 경로를 분석할 수 있고, 치아와 뼈의 동위 원소 분석을 통해서는 장기간 혹은 장시간의 식습관과 여행 경로를 알아낼 수 있다.

동위 원소 분석은 탄소13, 질소15, 산소18, 스트론튬을

45

이용하는 방법이 가장 보편적이다. 이상의 동위 원소들은 비교적 안정적이라 시간이 흘러도 반감의 흔적이 나타나지 않기 때문이다. 이 4개의 동위 원소는 환경에 따라 비율이 달라지기 때문에 기후 변화, 환경 변화, 음식 문화 등 정보를 파악하는 데도 도움을 받을 수 있다. 예를 들어, 주로 풀을 먹는 소가 한 마리 있다고 가정해보자. 사람이 이 소를 먹으면 풀의 동위 원소와 화학 성분이 그 사람과 소의 뼛속 콜라겐에 나타난다. 식습관을 알기 위해서 사용하는 동위 원소는 주로 식물의 탄소13과 해산물의 질소15다. 이동을 추적하는 데는 보통 산소18과 스트론튬을 이용한다. 전자는 빗물과 물 등에서 후자는 돌에서 추출한다. 납과 스트론튬은 고고학에서 자주 활용된다. 주로 불행하게 목숨을 잃은 밀입국자들의 신원을 밝히는 데 사용되었다.

　　2018년, 동위 원소 분석 기술을 이용하면 머리카락에서 성별, 체형, 식습관, 운동 습관 등을 알아낼 수 있다는 연구 결과가 발표되었다. 여기에 사용되는 주요 동위 원소는 머리카락 속의 탄소12와 탄소13이다. 여성의 체질량 지수BMI 추정의 정확도는 80퍼센트, 성별 추정의 정확도는 무려 90퍼센트에 이르지만 출생지가 맞아떨어질 확률은 70퍼센트에 불과하다고 지적했다. 하지만 이 기술은 조사자들의 수색 범위를 좁히는 데 도움을 주기 위함이므로 70퍼센트의 정확도만으로도 충분한 성과를 거둘 수 있다고 연구 팀은 설명했다.

　　뼈는 화학과도 밀접하다. 화학 물질은 자연이 우리에게 준 자원으로 음식이나 생활, 심지어는 세포에서도 찾을 수 있다. 사실 화학 물질 자체에는 좋고 나쁨이 없다. 비소, 수은, 인 모두 생활에 보탬이 된다. 화학 물질은 우리가 어떻게 사용하느냐, 뼈가 화학 물질에 어떤 반응을 보이느냐에 따라 달라지는 것이기 때문에 균형을 잡는 것이 중요하다. 우리가 사는 동안 뼈와 화학 물질 사이에서 균형을 잡기 위해 얼마나 노력해왔는지는 죽고 난 뒤에 뼈를 보면 알 수 있다.

　미국의 의사 프리저브드 포터Preserved Porter는 1790년에 실시된 인구 조사에서 자신에게 5명의 노예가 있다고 밝혔다. 그중 한 명이 1798년에 세상을 떠났고 포터는 연구 목적으로 이 노예의 유골을 남겨두었다. 그는 현지 의사에게 유골을 잘 보관하고 있다가 자녀들에게 인체에 관련된 지식을 가르치는 데 써달라고 부탁했다. 1933년, 포터 박사의 후손이 유골을 박물관에 기증했고 박물관에서는 해골에 적힌 대로 이 표본에 '래리Larry'라는 이름을 붙였다.

　그로부터 60여 년 뒤인 1999년, 박물관의 소장품이었던 래리는 연구자들의 주목을 받았다. 뼈를 분석해보니 유골의 주인은 아프리카 혈통의 후손으로 키는 167센티미터 정도였으며 사망 당시 나이는 55~60세였을 것으로 추정했다. 포터 박사 가족의 기록과 유골에 대한 추정 자료를 비교한 끝에 연구 팀은 래리가 '포춘Fortune'이라는 이름의 노예였다는 사실을 확인할 수 있었다. 또한, 포춘의 손발 뼈에 남은 흔적을 통해 그가 압력이 높은 환경에서 오랫동안 일하다가 인대가 손상되거나 찢어졌다는 사실을 확인했다. 이런 유형의 상처를 '골부착부 병증'

이라고 한다. 이 증상으로 뼈와 연결된 힘줄과 인대의 접합 부위에 염증이 나고 회복하면서 포춘의 몸에 석회화 혹은 섬유화가 발생했었다는 사실을 미루어 짐작할 수 있었다. 전문가는 다른 노예의 상처 기록과 상흔을 비교해 그들에게도 같은 유형의 상처가 있음을 발견했다.

　　포춘의 사망 원인은 사고로 인한 익사라고 기록되어 있다. 하지만 목뼈의 외상을 보면 포춘은 특정한 충격으로 넘어져 경추 한 마디가 부러진 것으로 보인다. 이 사고가 죽음의 원인이 되었을 것이다. 또, 기록에 따르면 그가 세상을 떠난 뒤 포춘의 자녀들은 다른 곳으로 팔려 갔다고 한다. 박물관은 포춘의 DNA와 동위 원소 분석 기술을 이용해 팔려 간 후손과 그들의 현재 거주지를 추적해나갔다. 포춘은 이미 세상을 떠났지만 그의 가정이 다시 한자리에 모이도록 해주고 싶었기 때문이다. 법의인류학자들은 뼈를 통해 이름이 없었던 유골에게 잊혔던 신원을 되돌려주었다. 포춘은 세상을 떠난 지 215년 만인 2013년에야 비로소 편안히 잠들 수 있게 되었다.

　　육신이 부패하고 남은 뼈는 그 사람이 한때나마 이 세상에 살았다는 증거다. 뼈는 살아 있을 때와 세상을 떠난 뒤에 겪은 일을 모두 담고 있다. 뼈는 망자의 세계와 이 세계를 잇는 다리라고 할 수 있다. 이것이 내가 많은 연구 분야 중에서 병리학을 특별히 좋아하는 이유다. 후대 사람들은 뼈에 새겨진 고인의 경험을 통해 그를 이해할 수 있다. 우리는 뼈를 생체역학이나 생물학적 측면에서만 이해하려는 게 아니다. 서로 다른 시간과 공간에서 온 뼈들이 어떻게 세상 사람과 교집합을 갖는지 이해하려는 것이다. 유골이 어떤 위치를 차지하고 있는지, 유골을 관찰하는 관점이 어떠한지 알기 위해서는 유골과 대화하는 대상과 현지의 문화 및 역사가 자연사自然史의 이해에 미친 영향을 자세히 살펴보면 된다. 뼈가 직접 말할 수 없을 때 우리 법의학자들은 그들을 대신해 말한다.

2부

삐는 삶을
이야기한다

1장

뼈가 녹아내린

노동자들

1888년, 영국의 경제가 한참 발전하던 시절에 1,400명이 넘는 여성들이 파업에 들어갔다. 파업이 시작되고 몇 시간 만에 성냥 제작을 책임지는 모든 여성이 동참했다. 남성 위주의 성냥 제조업에 저항하기 위함이었다. 비인도적인 업무 조건과 작업 환경을 개선해달라고 호소했지만 고용주는 작업 상황에 만족하고 있다는 서류에 서명하라며 강경하게 대응할 뿐이었다. 이 파업은 대중이 산업의 내막을 이해하는 계기가 되었다. 대체 어떤 문제가 있었던 것일까?

성냥 공장의 여성들은 매일 런던 동부의 공장에서 14시간 이상 일했다. 몸에 이상 현상이 나타나자 작업 중에 만지는 화학 물질이 원인일지도 모른다고 의심했다. 성냥 제조 공장에서 쓰이는 물질이 인체에 어떤 변화와 영향을 미치는지는 최근까지도 증명되지 않았다. 하지만 2015년쯤 청소년 유골 한 구를 연구하던 인류학자들은 당시 공장 노동자의 뼈에서 인 중독의 특징이 나타난다고 밝혔다.

성냥 공장의 비극

인은 다양한 형태와 색깔을 띤다. 하얀색(일반적인 백린), 빨간색, 자주색, 검은색 등이 있으며 최근에는 분홍색 인도 발견되었다. 인은 영어로 Phosphorus인데, '빛의 운반자'라는 뜻의 그리스어에서 비롯되었다. 모든 인은 가연성이 있다. 특히 황린(백린이라고도 한다—옮긴이)은 더욱 그렇다. 사람들은 황린의 가연성을 활용해서 실내조명을 만들 수 있겠다고 생각했다. 적은 에너지와 마찰력으로 성냥을 그어 빛을 내는 것이 본래 의도였고, 실제로 황린을 성냥에 사용하면서 조명과 생활 방식은 크게 달라졌다. 이후 성냥 수요는 비약적으로 증가했다.

　성냥의 유행으로 노동자들 사이에는 '인 중독성 괴저'라는 병이 생겨나기도 했다. 턱뼈가 괴사하는 이 병은 독성이 높은 인을 오래 접촉하면 생기는 부작용이다. 환자는 대부분 손가락이 상대적으로 가느다란 여성과 아이였다. 당시 성냥 제조 공장의 노동자들은 매일 12~16시간을 일에 매달렸다. 일하는 동안에는 미지근한 화학 액체가 담긴 수조 앞에 서서 손가락으로 성냥의 나무 막대를 황린과 다른 화학 물질이 섞인 액체에 적셨다. 나무 막대를 인에 두 번씩 적시고 바람에 말린 뒤에야 작게 잘라 상자에 넣어 판매했다. 공장에서 일하는 노동자들은 황린에서 뿜어져 나오는 기체를 계속 들이마시는 업무 환경에 노출되어 있었다. 인 중독성 괴저의 위험에 그대로 노출된 것이나 다름없었다.

이처럼 큰 위험이 도사리고 있었지만 산업혁명 초기에는 노동자의 안전이나 업무 시간 제한 같은 개념이 없었다. 보잘것없는 급여에 비해 업무 시간은 지나치리만큼 길었다. 게다가 통풍이 잘 되지 않는 어두운 곳에서 작업이 이루어져 여성과 아이들은 햇볕도 잘 쬐지 못했다. 이는 폐결핵과 구루병*에도 취약한 환경이었다. 인이 있는 지하 공간에 장기간 머무르면 건강이 나빠질 가능성이 다분하다.

주기율표 15번에 자리한 인은 지난날 매우 신비로운 존재로 여겨져 연금술사들의 사랑을 받았다. 뼈를 빛나게 할 수 있다는 특성 때문에 도깨비불과 관련된 전설이 만들어지기도 했으며 19세기에는 인체 자연 발화 사례가 나오기도 했다. 물론 인이 해롭기만 한 물질은 아니다. 인과 산소가 결합하여 생

● 어린이에게서 일어나는 병으로 비타민 D가 부족하거나 햇볕을 충분히 쬐지 못하면 발생한다. 다른 질병으로 인해 비타민 D가 부족해지거나 칼슘과 인의 대사에 이상이 생기면 골격 발육에 장애가 생기거나 뼈가 변형된다.

기는 인산염은 사람의 DNA와 만나 뼈를 더 단단하게 만들기도 한다. 하지만 황린이 있는 환경에 장기간 노출된 사람의 몸에는 점차 변화가 나타난다. 황린이 내뿜는 기체를 흡입하면 폐에 염증을 일으켜 다른 부위에까지 문제가 생긴다. 또한, 인이 공기 중에 퍼지면 그 입자가 벽과 바닥에 달라붙는다. 인에는 발광 효과가 있어 노동자들이 집에 돌아가도 옷에서 빛이 나는 것을 볼 수 있다. 인을 지나치게 많이 들이마신 노동자는 구토를 했을 때 토사물에서도 미약하게 빛이 난다.

아래턱이 사라진 사람들

영국 더럼대학교의 한 인류학자는 성별이 불분명한 청소년의 유골 한 구를 연구하게 되었다. 나이는 12~14세로, 유골에 2차 성징이 확실히 나타나지 않은 까닭에 성별을 추정하기가 어려웠다. 이 아이에게는 괴혈병과 구루병, 인 중독성 괴저 증상이 있었으며 폐결핵에도 걸렸을 것으로 보였다. 그중에서도 구루병의 특징이 뚜렷했고, 오랫동안 공장에서 일하며 햇볕을 쬐지 못해 뼈의 성장을 돕는 비타민 D가 충분히 생기지 않아 넙다리뼈가 활처럼 휘어 있었다. 두개골과 다리뼈의 두께가 비정상적으로 얇았는데 인류학자는 이를 비타민 C가 결핍되어 생기는 괴혈병처럼 신진대사 관련 질병 때문으로 추정했다. 거기다 갈비뼈 부분에서도 이상이 발견되어 학자들은 그 아이가 폐결핵에 걸린 것은 아닌지 의심했다.

객관적으로 말하면 이런 사례가 19세기의 영국 런던에서 보기 드문 현상은 아니었다. 인구가 밀집된 초기의 개발 도시에서 위생이 좋지 않으면 생길 수 있는 병이기 때문이다. 연구자들이 이 유골에 주목한 이유는 아래턱 때문이었다. 아래턱이 괴사한 것을 보고 연구자들은 이 아이가 성냥 제조 공장과 관련 있을 것으로 추정했다.

인 중독성 괴저에 걸리면 치통이 생기고 치아가 빠진다. 그런 다음 얼굴이 부어오르며 아래턱에는 화농 즉, 곪는 현상이 일어난다. 이렇게 아래턱을 따라 얼굴 부위가 부패해가고 얼마 지나지 않아 괴사한 턱이 드러난다. 인이 지나치게 많이 함유되어 있는 경우에는 어두운 곳에서 턱이 빛나기도 한다. 유일한 해결책은 인이 있는 환경에서 벗어나는 것이지만 먹고사는 문제와 결부되면 거의 불가능하다. 인의 독성이 다른 내장 부위로 퍼지는 것을 막기 위해, 특히 뇌로 퍼져 간까지 망가지는 것을 막기 위해 당시 의사는 아래턱을 제거하는 수술과 새로운 아래턱을 만들어 복원하는 수술을 함께 진행했다. 입원 기간은 보통 6주 정도였는데, 퇴원 후 집에 돌아간 환자는 대부분 그날 밤에 세상을 떠났다. 사인은 자다가 사레가 들려서였다.

연구에 따르면 황린 기체에 노출된 적이 있는 사람 가운데 11퍼센트는 5년 안에 인 중독성 괴저의 병증이 나타난다. 아래턱뼈에 크게 감염이 나타나는데, 앞서 말한 청소년의 유골도 왼쪽 아래턱뼈 조직이 크게 괴사했고, 이 증상이 아래턱의 중간

57

부위까지 퍼져 있었다. 이렇게 괴사한 뼈조직은 결국 감염된 뼈에 잠식된다. 연구에 따르면 이 청소년의 유골에서 나타난 증상은 과거 성냥을 만들던 노동자들에게서 나타났던 증상과 완전히 일치했다고 한다.

연구자는 그 유골의 주인이 인 괴사에 시달렸는지에 대해서 확실하게 대답하지 못했지만, 아래턱 문제로 얼굴 모양이 변형되었다는 것만은 단언했다. 뼈에서 큰 면적의 골수염 흔적과 얼굴의 부종 및 화농이 발견되었으며 입에서 흘러나온 고름에서는 비정상적인 냄새가 났기 때문이다.

우리는 뼈 검사를 통해 성냥 제조가 한때 얼마나 큰 문제를 불러일으켰는지 알게 되었다. 하지만 영국 정부는 1906년이 되어서야 황린을 성냥의 원료로 사용하는 것을 금지했다. 이 청소년의 유골은 원시병리학으로 인의 독성을 증명한 첫 번째 사례였다. 나는 고고학자들이 가까운 미래에 관련 사례를 더 찾아낼 수 있으리라고 굳게 믿는다.

이 사례에서도 알 수 있듯이 흡입을 통해 뼈가 인에 중독되면 인체에 심각한 해를 끼친다. 인은 화학 작용을 통해 입자가 되어 공기 중을 날아다니는 독성 원소가 되기 때문이다. 성냥 공장에서 일했던 노동자들의 유골은 우리에게 19세기의 공업 발전 정도와 과학이 생활 수준을 얼마나 발전시킬 수 있는지를 보여주었다. 하지만 한편으로는 산업혁명과 그로 인한 변화가 사람들에게 어떤 병을 불러왔는지도 알려주었다. 유골이 남긴 흔적들 덕에 그들의 이야기를 이해할 수 있게 된 것이다.

안전과 건강에 대한 의식이 개선됨에 따라 우리는 이제 인 중독으로 생기는 병에 시달리지 않는다. 하지만 건강에 해로운 물질이 전부 사라지지는 않았다. 비상이라고도 부르는 비소는 오늘날까지도 우리에게 만성적 질병을 주는 원소다.

치명적인 초록색

비소는 맹독성을 가진 물질인 비상의 주요 성분이다. 19세기 초 영국에서 남편을 죽이는 가장 좋은 방법은 비소를 사용하는 것이었다. 자신의 아이를 죽이는 가장 좋은 방법 역시 젖꼭지에 비소를 발라 아기가 비소를 먹게 하는 것이었다. 비소의 독은 당시 여성들이 자주 사용하던 살인 도구였다. 비소에 중독되면 하나같이 설사, 구토, 복통 증상을 일으키며 사망하기까지는 보통 수 시간이 걸린다.

그런데 이 비소가 케이크 색소, 사탕 색소 등 음식과 장난감에까지 쓰이게 되었다. 비소는 지구에 천연으로 존재하는 원소로 눈에 띄는 초록색 색소를 만들 수 있다. 훗날, 이 색에 '셸레그린'이라는 이름이 붙여졌다. 19세기에는 비소가 벽지나 페인트, 옷감 등에 많이 사용되었다. 비소 자체는 인체에 무해하여 적은 양의 비소는 의료용으로 쓰이기도 한다. 하지만 탄산염과 혼합해 열을 가하면 독성이 있는 삼산화 이비소로 변한다. 아이가 초록색 장난감 차를 가지고 논 뒤 손가락을 입에 넣는 모습을 상상해보라. 혹은 초록색 사탕을 아이들에게 나눠주면 어떨까? 듣기만 해도 공포스럽지 않은가? 실제로 초록색 방에서 지내던 아이는 날이 갈수록 말랐고 초록색 정장을 입은 여성의 몸에서 이상 현상이 나타나기도 했다. 사람들은 초록색 색소에 무슨 문제가 있는 게 아닌지 의심하게 되었고, 패리스그린(에메랄드그린과 같은 색으로 1864년에 처음 붙여진 색명이다―옮긴이)이라는 새로운 초록색이 생겨나기에 이르렀다. 하지만 이 초록색에도 비소의 독성이 있는 건 마찬가지였다.

처음에 사람들은 이런 증세를 어떻게 다루어야 할지 전혀 몰랐다. 심지어 당시에 유명했던 한 의사는 리치 12~15개를 배의 가장 아픈 곳에 올려두라는 황당한 치료법을 내놓기도 했다. 훗날 환자의 위 안에 있던 음식물에 비소가 있는 경우 그 음식물을 불에 태우면 마늘 향이 난다는 사실을 발견했다. 이 검사 방법은 현재까지도 법의학에서 사용된다.

독성이 있는 이 초록색 안료에 닿으면 손과 몸이 망가진다. 비소는 손톱 아래의 조직을 좀먹으며, 해진 신발을 통해 발가락에 침투한다. 자기도 모르는 사이 손톱으로 피부를 할퀼 때 손톱 밑에 쌓여 있던 비소가 피에 들어가서 독이 퍼져 염증을 일으킨다. 비소를 이용해 제품을 만드는 노동자만 비소에 중독되는 것이 아니라 이런 식으로 제품을 사용하는 사람까지도 해를 입는다. 1871년에 한 여성은 초록색 장갑 한 켤레를 샀다가 두 손의 손톱 주변 피부가 서서히 짓물렀다고 한다.

인이나 비소 중독처럼 수은 중독의 주요 피해자는 공장

노동자들이었다. 19세기 영국 남성들은 모자를 쓰는 습관이 있었다. 모자는 주로 토끼털로 만들었는데, 노동자들은 토끼털을 잘 붙이기 위해 수은을 사용했다. 수은 중독은 다른 금속 원소 중독보다 결과가 훨씬 무시무시하다. 수은을 흡입하게 되면 뇌가 직접 공격받기 때문이다. 가장 먼저 나타나는 증상은 손 떨림 같은 신경계의 문제다. 그 후에는 심리적 문제가 나타난다. 지나치게 수줍어하거나 극단적으로 화를 내는 식이다. 몇몇 노동자들의 병증은 호흡계와 순환계에까지 발전했다. 모자 제작 과정에서 수은을 사용한 공정은 모자 안쪽에 천을 덧대는 단계뿐이었기 때문에 그 업무를 담당했던 노동자들만이 수은 중독에 걸릴 위험이 있었다.

61

과학 기술의 발전은 우리를 구원할까

오늘날에는 인 중독성 괴저가 완전히 사라졌다고 생각할 수도 있겠다. 하지만 오히려 현대 의학 때문에 발병 가능성이 되살아났다. 암과 골다공증에 쓰이는 비스포네이트라는 약물이 아래턱의 기능을 악화시킬 수 있기 때문이다. 물론, 구강 위생을 지키고 치아 검사를 자주 받으면서 항생제를 복용하면 위험을 낮출 수 있다. 의학의 발달 덕분에 우리는 인을 치료 목적으로 사용할 수 있게 되었고, 동시에 새로운 문제가 야기될 위험도 떠안게 되었다.

인 중독 사건의 핵심은 많은 여성과 아이가 건강을 잃었다는 것이다. 그들은 손가락이 가늘어 인이 침투하기 쉬운 조건이었고 손을 보호할 수 있는 장갑도 없었다. 이렇게 열악한 상황에서 독성이 강한 화학 물질을 만져야 했던 데다가 사회의 관심을 받지도 못했다. 이런 의료상의 불평등 대우는 오늘날에도 여전히 존재한다. 일반적으로 현대 의료 체계에서 여성의 고통은 남성이 느끼는 고통에 비해 홀대받는다는 연구 결과가 있다. 여성의 병을 진단하는 시간이 남성의 진료 시간보다 짧아 오진이 더 많이 발생하기도 한다. 오늘날 여성을 위해 만들어지는 다양한 피임 장치도 여성의 건강에 해롭다. 여성들은 이 모두를 어쩔 수 없는 것이라 믿으며 받아들여왔다. 세계 곳곳의 여성들은 이제 자신의 건강과 의료 권리를 찾기 위해 나섰고, 권력자들도 다양한 정책과 수단으로 여성이 마땅히 누려야 할 권리를 빼앗기지 않도록 지원하고 있다.

2018년, 넷플릭스에서는 《칼날 위에 서다: 첨단 의학의 덫》이라는 다큐멘터리를 방영했다. 이 다큐멘터리는 의료용 삽입물을 다루며, 인공 관절부터 여성의 피임 기구까지 다양한 제품이 등장한다. 의료 기술의 발달이 우리 삶의 질을 크게 높여준 것은 사실이다. 의료용 삽입물 산업은 시장 가치만 해도 수천억 달러에 이르며, 해마다 발전하는 기술은 사람들의 생활을 지키고 개선하는 데 제 역할을 다하고 있다. 심장 박동기, 인공 고관절, 각막 이식 등이 그 예라고 할 수 있다. 하지만 우리는 과학 연구의 성과를 누리기만 할 뿐 이런 삽입물이 안전한지 우리 몸에 상처를 입히는 것은 아닌지는 거의 생각하지 않는다. 이런 도구나 장비를 연구 개발하고 사용하는 과정이 얼마나 비인도적으로 이루어지고 있는지 관심을 갖는 사람도 드물다. 이 다큐멘터리는 좋은 일에 쓰이는 의료용 삽입물의 사용 자체를 반대하는 것도 아니고 기구들을 고발하려는 것도 아니다. 다만, 어떤 장치들은 인체에 삽입하고 독소가 생길 수 있으며 회복할 수 없는 상처를 남길 수도 있음을 알리려는 것이다. 다큐멘터리를 보는 시청자들이 이런 상황을 피하거나 줄일 수 있는지 충분히 고민할 수 있도록 말이다.

　　1950년대에 등장한 약물 탈리도마이드는 임신부의 입덧을 효과적으로 억제하는 효능에 더불어 진정, 최면 효과가 발견되어 전 세계적으로 큰 사랑을 받았다. 하지만 1960년, 한 의사가 유럽의 기형아 발생률이 높다는 사실을 알고 이 현상을 조사하면서 실태가 드러났다. 조사 결과, 태아의 기형이 탈리도마이드의 사용과 관련 깊었던 것이다. 심화 연구가 진행되었고 결국 유럽에서는 탈리도마이드 판매가 중지되었다. 탈리도마이드가 신생아의 팔다리와 눈, 코, 입의 발달에 영향을 미쳐 해표상지증®에 걸리게 한다는 것이 밝혀졌기 때문이다. 당시 임산

● 선천적인 장애가 생기는 질병으로 손가락이나 얼굴 부위의 눈, 코, 입과 팔다리, 혹은 몸의 일부 기관에 결손이 있거나 짧아질 수 있다.

모들은 자신의 아이에게 왜 장애가 생겼는지 모르고 있었다. 어떤 증상인지 알았어도 상황을 되돌릴 방법이 없었다. 탈리도마이드 사건 이후로 많은 병리학자와 약물학자들이 오늘날까지 약물 연구를 이어가고 있다. 홍반낭창, 한센병, 다발 골수종[**] 치료에 효과가 있었던 약물도 마찬가지였다. 약물을 감시하는 것은 본래 의사의 역할이 아니다. 제조업자가 정식으로 의료 제품을 출시하기 전에 엄격한 심사와 평가를 받아야만 한다.

관절을 대체할 수 있는 제품들은 다행히 제거할 수 있지만 그렇지 않은 장치는 어떻게 해야 할까? 제품을 제거한 뒤에 몸에 더 해롭다면? 다큐멘터리 《칼날 위에 서다: 첨단 의학의 덫》에는 여성용 이식형 피임 기구 에슈어와 몸 안에 삽입하여 출산 뒤에 생기는 요실금 문제를 개선한다는 인공 그물 메쉬 등이 나온다. 의사들은 에슈어의 삽입 방법과 제품 사용의 이점을 정식으로 소개받지 못했고, 많은 여성이 잘못된 사용법으로 심각한 고통에 시달렸다. 메쉬는 일단 삽입하고 나면 장치 전체를 완벽히 제거할 수 없다. 그 때문에 메쉬를 삽입했던 여성들은 더 많은 수술과 불필요한 고통을 겪어야만 했다.

영국 더럼대학교에서 연구했던 청소년의 유골을 살펴보면서 우리는 산업혁명이 일어났던 시기에 사람들이 생계를 이

[**] 골수 조혈 계통의 악성 질병으로 주로 60~70세 사이의 노인에게 발생하며 남성 환자 비율이 여성보다 높다.

어나가고자 어떤 일들을 참고 견뎌왔는지 알아낼 수 있었다. 또한, 오늘날의 우리와는 동떨어진 것 같은 병증들을 훨씬 잘 이해할 수 있게 되었다. 도시화 과정에서 사람들이 치른 대가와 당시 사회의 성 불평등도 알 수 있었다.

이런 불평등 문제는 각자의 이익이나 편의에 따라 타인을 속이며 더욱 심화되고 있다. 우리는 뼈를 통해 성 평등을 쟁취해야 하는 이유를 다시 한번 알게 되었다. 성 평등은 단순히 양성이라는 2차원적 측면에서 볼 문제가 아니다. 모든 사람은 존중받아 마땅하며 같은 권리를 누릴 수 있어야 한다. 그리고 이 목표를 이루기 위해서는 19세기에 성냥을 만들던 여성 노동자들처럼 목소리를 내야 한다.

65

2장

몸에 남는   삶의   증거들

미국 드라마 《본즈Bones》의 팬이라면 템퍼런스 브레넌Temperance Brennan 박사 팀이 실험실 건물에 갇혀 해가 뜨기 전까지 유골 한 구의 사인을 밝혀야 했던 에피소드를 본 적이 있을 것이다. 극에서는 연구 팀이 백악관 요원이라고 하는 자들의 감시 아래 긴장된 분위기 속에서 검시를 진행한다. 세밀한 관찰과 조사 끝에 브레넌 박사는 유골의 주인을 케네디 대통령으로 추정한다.

케네디 대통령의 암살 사건을 간단히 소개하면 다음과 같다. 1963년 11월 22일, 케네디 대통령은 부통령과 함께 텍사스주를 방문했다. 정오쯤 오픈카를 타고 거리를 지나다가 모퉁이를 돌 무렵 케네디 대통령은 숨어서 기다리던 암살자의 총격에 목을 맞아 현장에서 목숨을 잃었다. 그로부터 몇 시간 뒤, 정부 기관이 암살범으로 지목한 리 하비 오즈월드 역시 다른 사람

의 총에 살해되었다. 케네디 대통령의 뒤를 이은 린든 존슨 대
통령이 꾸린 조사 팀이 암살 과정을 설명한 보고서를 내놓았지
만 국민은 믿지 않았고 갖가지 음모론이 생겨났다.

　　드라마에서는 브레넌 박사가 검시한 유골이 정말 케네
디 대통령이 맞는지 명확하게 드러나지 않는다. 우리는 드라마
를 보며 또 다른 궁금증을 가지게 된다. 과연 실제 케네디 대통
령의 암살 사건 조사에는 법의인류학자가 참여했을까?

이마를 보면 알 수 있다

케네디 대통령이 암살당한 뒤 법의학자들은 시신의 엑스선 사
진을 찍었다. 음모론을 믿는 사람들은 이 엑스선 사진에 의심을
품었다. 그 때문에 당시 조사 팀이었던 암살 특별 위원회 HSCA
는 법의인류학자 엘리스 컬리 Ellis Kerley 박사와 클라이드 스노우
박사를 초청해 케네디 대통령의 시신이 맞는지 과학적인 방법
으로 조사하여 사실을 밝혀 달라고 부탁했다. 두 법의인류학자
는 현재도 자주 사용되는 방법인 방사선 투과 사진 비교를 통해
유골의 신원을 확인하고자 했다. 그들은 시신을 해부할 때 법의
학자들이 찍었던 엑스선 사진과 케네디 대통령이 생전에 병원
에서 찍었던 기록을 비교했고, 엑스선 사진 앞쪽과 옆면 두 장
에 찍힌 전두동前頭洞의 형태와 위치를 관찰했다.

　　유골의 신원을 확인하는 방법은 여러 가지가 있다. 그중

에서도 생전의 엑스선 사진과 치아 기록을 유골과 비교하는 방법과 전두동 대조법을 자주 사용한다. 학자들이 애용하는 전두동 감정법은 1927년에 시작되었다. '이마굴'이라고도 부르는 전두동은 눈썹활에 자리한 두개골 외골과 내골 사이의 공간을 가리킨다. 이 공간은 사람마다 형태가 다르며 대칭을 이루는 경우는 드물다. 그 덕분에 전두동 엑스선 사진을 비교하면 동일인인지 판별할 수 있다. 심지어는 화장한 유골의 앞이마 엑스선 사진과 비교해도 알아낼 수 있다.

미국의 유명한 법의인류학자 더글라스 유벨라커Douglas Ubelaker는 박물관이 소장한 유골을 연구하며 전두동으로 신원을 식별하는 방법을 사용했다. 그 후 다양한 연구에서 이 방식의 신뢰도가 매우 높다고 평가했다. 전두동은 화장된 뒤에도 고유한 특징이 유지되기 때문에 연구자들은 불에 탄 뼛조각에도 전두동을 비교하는 방법을 적용할 수 있기를 바랐다. 하지만 전두동의 위치는 이마뼈의 표층에 매우 가까워 열이 가해지면 부서질 위험이 있다. 미국의 관련 분야 전문가들에 따르면 현재까지도 전두동 대조에 대해서는 명확한 지침이 없다고 한다. 법원에서 대조 결과의 신뢰성에 의문을 제기하면 전문가 증인은 배심원과 법관에게 증거로 채택 가능한지 여부와 그 정확성을 해명해야 한다. 그 때문에 이 기술은 지금까지도 학자들의 전문성과 숙련도에 기댈 수밖에 없다.

유골의 신원을 감정하는 과정에서 법의인류학자가 마주해야 할 도전은 끝없다. 각각의 유골이 살아온 여정과 경험이 다른 데다 생전의 병력에 대한 자료가 부족한 경우가 대부분이고 개인적·자연적 요소로 시신에 변화가 생길 수도 있기 때문이다. 이럴 때는 의류, 정형외과 삽입물, 문신 등 다른 요소들도 함께 확인하는 것이 신원 확인에 도움이 된다.

옷에 남은 고인의 흔적

죽은 사람과 함께 발견된 의류품은 죽기 전의 흔적이나 살해된 방법을 찾는 데 단서가 되기도 한다. 습격을 받아 훼손된 흔적이 의류품에 남은 경우는 더 그렇다. 의류품 감정은 법의학에서 중시하는 전문 분야다. 옷의 훼손된 부분들을 심도 있게 분석하면 총격 사건, 자상刺傷, 강산强酸 테러 등의 상황을 수사하는 데 도움을 줄 수 있다.

의류품에 남은 습격의 흔적은 몸에 난 상처의 '2차 버전'이라 할 수 있다. 일반적으로는 몸에 난 상처를 분석하는 데 집중하지만 간혹 환경의 제약으로 검시를 여러 번 할 수 없는 경우도 있다. 시신의 상처를 봉합했는데도 경찰 수사는 진행 중이라거나 검시 증거가 다시 필요한 경우, 시체 발견 당시 부패가 많이 진행되어 원래의 상처나 연조직을 증거로 사용할 수 없는 경우가 그렇다. 이때 의류품 감정은 좋은 해결법이다.

둔기에 맞은 상처는 밀거나 잡아당기거나 발로 차거나 누르는 등의 방식으로 충돌이 생겨 만들어진다. 한 연구에서는 자동차, 열차 등 여섯 가지 교통수단에 의해 사망한 사람들의 의류품을 분석했다. 연구자들은 옅은 색 옷에 선명한 노란색 얼룩이 생기는 이유가 강한 충돌이 발생했기 때문이라고 분석했다. 이들이 연구한 시신에는 모두 비만의 흔적이 있었기 때문에 연구자들은 죽은 사람의 체내 지방으로부터 노란 얼룩이 생겼을 것으로 추정했다. 물론, 신체의 다른 부위가 손상을 입으면 혈액 등으로 인해 의류에 물이 들기도 한다. 그러나 노란색 얼룩은 혈액이 아닌 다른 물질 때문에 생겼을 가능성이 더 크다. 안타깝게도 이에 대한 전면적인 논의는 이루어지지 않았다. 다만, 충돌한 힘의 크기에 따라 의류에도 그에 상응하는 변화가 생길 수 있다는 것에는 모두 동의했다.

70   날카로운 무기로 공격을 받으면 옷에는 명확한 자상이 남는다. 무기가 옷감을 통과하면서 작은 구멍을 내기 때문이다. 갖가지 흉기(칼의 종류, 날카로운 정도, 형태, 칼을 쓴 방향 혹은 기울기 등)가 만든 구멍과 상처는 각기 다르다. 이를 분석하여 법의인류학자가 유골에서 수집한 칼의 상처와 비교하면 추정을 강화하거나 뒤집을 수 있다.

       총상이 의류에 남기는 상처에 관한 연구는 앞으로 계속 진행되어야 한다. 몇몇 연구에서 의류가 총알을 뚫는 데 장애물로 작용할 수 있다는 사실이 발견되었기 때문이다. 물론 이는 총과 사람의 거리, 의류의 재질 등 여러 요소에 따라 달라질 수 있다. 공기총으로 실험한 결과 대체로 18.2미터 이상의 거리에서는 옷이 총알을 막을 수 있다는 사실을 알아냈다. 데님 원단은 9.1미터만 떨어져 있어도 총알을 막을 수 있었지만 면은 총알을 전혀 막을 수 없었다. 그래서 보통 사람들이 입는 얇은 옷은 사냥꾼이나 경찰의 방탄복보다 훨씬 더 쉽게 총알에 뚫리는 것이다.

　　법의학에 대한 대중의 인식은 보통 DNA에 머물러 있다. 하지만 '패션 경찰'이라고 불리는 법의학 의류 분석가는 화학 실험 결과에만 의지하지 말고 증거물 자체를 세심하게 관찰해야 한다고 주장한다. 죽은 지 오래되었고 주변 환경으로 인해 완전히 부패하여 유골이 된 시체에 의류품만 남은 상황이라고 가정해보자. 이럴 때는 고고학자나 법의인류학자의 도움보다 의류 분석가가 옷에서 찾아낸 고인의 흔적이 훨씬 중요하다.

　　영국의 패션 역사가 앰버 버차트Amber Butchart는 옷의 재질과 형태를 분석할 때 옷의 특색을 상세히 묘사해야 한다고 지적했다. 예를 들어, 타지에서 옷감을 '에스닉'하다고 표현하면 안 된다는 것이다. 이는 '전통적인, 민족적인'이라는 뜻을 내포하고 있어 주관적으로 해석될 여지가 있기 때문이다. 의류를 분석할 때 쓰는 용어는 표준화할 필요가 있다. 또한, 흙에서 발굴한 의류를 묘사할 때도 주의해야 한다. 우리 눈에는 초록색이나 파란색 등으로 보일 수 있지만 흙에서 분해되어 변한 색을 우리가 보고 있는 것일 수도 있기 때문이다. 색을 묘사할 때는 '어두운색' 혹은 '밝은색'으로만 표현하는 것이 원칙이다.

　　의류 제작 방식을 확인하는 것 역시 좋은 의류 식별 방법이다. 그러려면 옷의 제작 시기를 알아야 한다. 법의인류학

신원을 확인하는 데 도움을 준 총알
구멍이 난 의류

자가 접하는 사건은 대체로 근대에 발생한 것이므로 의류의 역사도 짧은 편이다. 그에 비해 고고학에서 다루는 의류는 백 년에서 수천 년 전까지 거슬러 올라간다. 그러므로 의류를 분석할 때는 의류 일부분을 샘플로 채취하여 현미경으로 옷의 구조와 옷감의 색을 관찰해야 한다. 옷감이 양털, 면, 마 같은 천연 재료라면 그 옷은 최소한 80년 전에 제작된 것이다. 반면, 옷감이 인공 조직물이라면 의류 제작 시기는 1920년 이후일 것이다. 파괴성을 비교하여 해당 의류가 얼마나 오래되었는지 찾아내야 하는 때도 있는데 이때는 방사성 탄소 연대 측정법을 활용한다.

2017년, 고고학자 에이미 스콧Amy Scott 팀은 캐나다의 노바스코샤주에서 신원을 판단할 때 의류와 장신구를 활용했다. 그들은 이 연구에서 수십 구의 유골을 발견했는데, 그중 한 남성의 유골 골반 아래에서 독특한 모양의 주석 단추를 찾아냈다. 고고학자들은 이 단추와 유골의 치아를 바탕으로 이 사람이 18세기의 외국인 병사였다고 추정했다.

의류는 시신이나 유골의 신원을 추측하는 데 작은 도움만 줄 뿐이지만 과거에 전쟁이나 난민 사태가 있었던 곳에서는 아주 유용하다. 현장에서 살아남은 가족이 의지할 것은 고인의 의류뿐이기 때문이다. 조사자들은 그들이 비극적인 사건을 겪은 이후에도 계속 살아나갈 수 있도록 도움을 주어야 한다. 의류 하나만으로 신원을 확인하는 것은 권장하지 않지만 의류품 감정이 유일한 식별법인 경우도 있다.

요즘은 정형외과 삽입물도 유골의 신원을 식별할 수 있는 좋은 방법이다. 삽입물의 브랜드 로고나 특징을 통해 유골의 주인을 특정할 수 있다. 삽입물이 환자 맞춤형 제작품이거나 개별 질환에 대한 정보를 담고 있을 때가 가장 이상적이다. 개별화된 자료가 없는 경우 삽입물의 제품 번호를 찾으면 신원을 확실하게 알 수 있다. 뼈에 이식하는 관절 삽입물은 보통 제조 업체나 제조 일련번호 등의 자료가 있게 마련인데, 미국의 학술 연구에 따르면 제조 일련번호 기록은 필수가 아니다. 제조 업체나 판매 업체와 연락이 되면 제품을 구입한 병원이나 진료소 등 해당 관절 삽입물의 정보를 더 많이 얻을 수 있다. 공급업자에게서 제품이 팔려 나간 기록을 받고 다시 소매업자를 찾아 그 제품이 어느 병원으로 갔는지 추적해야 한다. 환자 맞춤형 제작품을 발견하는 경우보다 이런 상황이 훨씬 흔하다. 이렇듯 삽입물 관련 자료는 곧바로 유해의 신원을 밝히거나 수색 범위를 좁히는 데 도움을 준다. 법의학 전문가나 경찰이 죽은 사람의 '가능성이 큰 신원'을 찾는 데 필요한 정보다.

하지만 이는 새로운 방법이기 때문에 관련 연구가 충분히 계량화되지 않았다. 게다가 지역마다 의료 삽입물을 기록하고 처리하는 방법이 다르고, 관련 산업의 부침이 빨라 제품을 제조한 기업이 폐업하는 경우도 있다.

많고 많은 정형외과 삽입물 가운데 가장 흔하게 사용되

는 제품은 나사다. 나사는 근육을 연결하고 골절된 뼈를 고정하는 데 쓰인다. 문제는 삽입물의 다른 부품에 구체적인 자료나 기록이 있지 않다면 나사의 제조 업체 관련 자료는 찾기 힘들다는 점이다. 미국의 학자 레베카 윌슨Rebecca Wilson 팀은 이런 나사가 철물점에서 파는 일반 나사와 비슷해 혼동하기 쉽다고 지적했다. 이 때문에 새롭게 디자인한 의료용 나사는 공업용 나사와 명확히 구분하기 위해 육각 나사로 만들었다. 생전과 사후의 유골을 비교할 때 혹은 삽입물의 엑스선 사진을 비교할 때 나사의 모양과 수량은 고인의 신원을 식별하는 데 효과적인 도구라고 할 수 있다.

문신은 오래 남는다

우리 몸은 한 폭의 캔버스와도 같아서 타고난 특성과 살아가는 동안 선택한 것들을 펼쳐 보인다. 몸에 새긴 문신도 마찬가지다. 경찰과 고고학자는 문신을 통해 다양한 정보를 얻을 수 있어 신원을 확인할 때 중요한 자료로 활용한다. 2004년 남아시아에 쓰나미가 일어났을 때 태국은 기온이 높아 희생자들의 시신이 급속도로 부패했고 물에 오랫동안 잠겨 있던 탓에 신원을 알아내기가 쉽지 않은 시체들도 많았다. 다행히 가족들이 제공한 정보와 몸에 있는 문신을 대조하여 신원을 빠르게 확인한 경우가 있었다. 타투이스트는 예술가처럼 문신에 저마다의 특색을 드러내기 때문에 경찰이 해당 타투이스트를 찾아 죽은 사람의 신원을 조사하는 데 도움을 받을 수 있다.

1980년, 미국 캘리포니아주에서 두 여성이 피살된 채 발견되었다. 범인을 끝내 찾지 못해서 이 사건은 결국 미제로 남았다. 그러다 2015년에 이르러 이 사건이 다시 주목을 받게 되었다. 현대의 DNA 검사 기술을 통해 범인을 밝혀낼 수 있었는데, 여성을 성폭행하고 살해한 범죄 경력이 여러 차례 있는 전과범이었다. 범죄 과학의 발달로 살인범은 밝혀냈지만 피해자의 신원은 여전히 알 수 없었다. 피해자 두 명 중 아주 독특한 문신을 했던 한 사람만 라틴계나 미국 원주민계로 1980년경 사망 당시 25세였으리라고 추정한다. 그녀의 머리는 어두운색이었고 치아가 몇 개 빠져 있었다. 하트 모양의 문신에는 위아래에 'Shirley'와 'Seattle'이라는 영문이 새겨져 있었고, 또 다른 문신에는 장미꽃 모양에 'Mother'와 'I Love You'라는 글귀가 나뉘어 새겨져 있었다.

문신을 한 피부는 다른 피부보다 부패 속도가 늦어 오랫동안 원래 상태로 보존되기도 한다. 문신을 새길 때 잉크는 피부를 통과해 진피까지 들어간다. 문신이 얼마나 깊은 곳까지 새겨지는지는 피부의 두께에 따라 달라진다. 레이저 제거술이 발명되기 전까지 문신은 수술을 통해서만 제거할 수 있었다. 레이저로 문신을 지우는 원리는 열로 피부 세포를 죽이거나 분해하여 피부 깊은 층의 잉크가 그 자리에서 흩어지게 하는 것이다. 해부하다 보면 림프샘에 남아 있는 잉크 흔적이 발견되는 경우도 있는데, 이는 문신을 한 적이 있다는 증거다.

지금은 문신을 제거하는 기술이 여럿 있다. 하지만 엑스선, 적외선, 레이저를 쪼여도 흔적을 완벽히 숨길 수는 없다. 문신에 사용하는 잉크의 금속 입자와 밀도는 엑스선 사진에 그대로 드러나기 때문에 엑스선만 있으면 문신이 새것인지 오래된 것인지 구분할 수 있다. 적외선으로 문신을 제거해도 흔적은 남는다. 적외선 외의 스펙트럼에서는 문신이 드러나기 때문이다.

연구에 따르면 오래된 문신은 새것보다 더 선명히 보인다고 한다. 이는 잉크의 금속이 시간이 흐르면서 서서히 가라앉기 때문이다. EU에서는 최근 문신용 잉크에 금속 성분을 쓰지 못하도록 조치했다. 이 조례 덕분에 문신이 새겨진 시기를 구분할 수 있는 기준점이 생겼다.

미제 사건은 언제 완결되는가

케네디 대통령 암살 사건에서 두 법의인류학자는 마지막 보고서에 이렇게 썼다. "생전과 사후의 엑스선 사진 속 전두동의 형태에 유사성이 있기 때문에 두 엑스선 사진은 동일한 사람의 것이라고 판단할 수 있다." 그들은 이 사실 외에도 두개골의 다른 특징, 예를 들어 안와眼窩의 형태, 두개골 봉합선이 봉합된 정도, 봉합선의 결이 매우 흡사하다는 점도 지적했다. 이와 같은 조사 결과에 따라 조사위원회는 두 장의 엑스선 사진이 한 사람 즉,

암살된 35대 미국 대통령 케네디의 것이라고 정식으로 발표했다. 오늘날까지도 어떤 이들은 이 암살 사건의 의문점을 규명하고자 다양한 시도를 하고 있다. 하지만 뼈가 우리에게 알려줄 수 있는 정보는 한계가 있다. 과학 기술이 더 발달하면 케네디 대통령 암살 사건의 의문점을 해결할 수 있을지도 모르겠다.

여러 가지 사례를 검토하면서 우리는 범죄 과학이 최근 몇 년 사이 크게 발전했다는 것을 확인할 수 있었다. 하지만 앞서 말한 캘리포니아주에서 피살된 여성의 신원은 여전히 밝혀지지 않았다. 범인을 특정하고 처벌하면 그 사건이 마무리되는 것일까? 피해자의 신원을 끝까지 밝혀야만 하는 걸까? 그래야 한다면 그 이유는 무엇일까? 또 다른 범죄를 미연에 방지하기 위해서? 아니면 고인과 가족에 대한 존중으로? 어쩌면 죽은 사람의 신원을 그렇게까지 밝힐 필요가 없는 것은 아닐까? 피해자의 신원을 밝히고자 하는 법의인류학자의 고집은 이 질문들에 대한 답이 될 수 있다. 하지만 법률이 좇는 정의와 인도주의는 법의학, 과학이 추구하는 정의와 다르다. 이 사이에서 공통된 가치관을 찾으려면 오랜 시간이 걸릴 것이다.

3장

바다에 가라앉은 사람들

2018년, 세계 각국의 매체들은 일본 해역에 유령선이 잇따라 나타나고 있으며 그 배들이 북한에서 온 것으로 보인다고 보도했다. 그중 니가타현 사도시에서 발견된 유령선에는 남성의 유골 한 구가 실려 있었다. 그런데 24시간이 채 지나기도 전에 근처 모래사장에서 유골 한 구가 또 발견되었다. 시간이 좀 더 흐른 뒤에는 아키타현에서도 여덟 구의 유골을 실은 낡은 목선이 발견되었다.

일본의 해상보안청은 이 유령선들에서 유골과 함께 북한의 담뱃갑, 한글이 적힌 구명조끼 등을 함께 발견했다. 그들은 이 점을 근거로 들어 유령선이 북한과 관련 있다고 판단했다. 보도에 따르면 시체는 이미 백골이 되어 죽은 지 시간이 꽤 지난 것으로 보였다고 한다. 그렇다면 시체는 어떤 과정을 거쳐

물에서 부패하고 백골이 될까?

　　이를 알기 위해서는 일반적인 시체 부패 과정을 알아야
한다. 시체 부패 과정은 엄밀히 나누면 7단계로 볼 수 있다. 이
는 매우 일반화된 분류법이지만, 학자마다 조금씩 다른 분류 방
법을 사용하기도 한다.

1. 사후 창백 Pallor mortis/Postmortem paleness

2. 시반 Livor mortis

3. 사후 체온 하강 Algor mortis

4. 사후 경직 Rigor mortis

5. 부패 Putrefaction

6. 분해 Decomposition

7. 백골화 Skeletonization

시체가 유골이 되기까지

시체 부패 속도는 쉽게 변하기 때문에 이에 영향을 주는 변수
를 연구하는 것은 사후 변화를 판단하는 데 도움이 된다. 사후
변화는 사망 시각부터 시체가 발견되기까지의 과정을 의미한
다. 법의학자가 먼저 시체 부패 과정의 1~5단계를 다루고 법의
인류학자는 주로 6, 7단계가 되어서야 참여한다. 시체의 부패는
보통 5, 6단계에서 다양한 양상을 띠는데, 이때 시체에 나타난

변화들은 경찰이나 법의학자들 같은 전문가들조차 뒷걸음치게 만든다. 시체의 부패는 자기 소화와 부패 두 단계로 나뉜다. 이어서 설명하는 순서는 개론 정도일 뿐 시체 부패 속도는 시체의 체형이나 환경, 시체가 의류로 덮여 있는지 등의 여러 요인에 따라 달라질 수 있다.

1. 첫째 주

보통 시체의 색은 회색에서 초록색으로 서서히 변한다. 이 변화는 골반의 양쪽 엉덩뼈 오목에서 시작된다. 심장 박동이 멈춘 뒤 장내 세균은 효소의 작용으로 헤모글로빈을 설프헤모글로빈과 초록색 색소로 분해한다. 이 세균들은 장에서 복강 전체, 위쪽으로는 목구멍까지 서서히 퍼져나간다.

이와 동시에 세균은 효소와 반응하여 기체를 발생시킨다. 그 때문에 초기 부패 단계에서 시체의 복부가 부풀어 오르기도 한다. 체액이 시체의 얼굴 부위와 목을 팽창시켜 혀가 길게 삐져나오거나 눈이 튀어나오는 섬뜩한 장면이 연출되기도 한다. 이렇게 얼굴 부위가 변하기 때문에 경찰이나 법의학자도 겉모습만으로는 죽은 사람의 신원을 확인하기 어렵다.

그 뒤 세균이 서서히 시체의 혈관을 타고 들어가면서 혈관은 점차 초록색으로 변한다. 이 과정에서 시체에 대리석 무늬 같은 것이 생긴다. 그러다가 시체의 표피가 천천히 벗겨져 지문을 채취하기 힘들어진다.

2. 이후 몇 주

초기 부패와 고도 부패의 경계에서 시체가 팽창한다. 내부 조직이 부패하면서 호기성 세균이 혐기성 세균으로 변하기 때문이다. 세균은 시체 내에서 화학 작용을 하며 많은 양의 기체를 만들어낸다. 이렇게 발생한 기체는 몸 안에 압력을 가해 대소변 같은 배설물을 밖으로 밀어내고 체액을 여러 구멍으로 배출시킨다. 체액에는 높은 확률로 피도 섞여 있어 시체가 피를 토하는 것처럼 보이기도 한다.

그 뒤로 시체는 초록색에서 점차 짙은 커피색으로 변하다가 검은색이 된다. 조직이 부패해서 만들어진 체액과 기체가 시체의 머리와 목을 부풀어 오르게 만드는 증상은 '블랙맨스 헤드blackman's head'라고 불리기도 한다. 이 증상은 시체를 더욱 식별하기 어렵게 만든다. 부패로 인한 기체 때문에 팽창한 시체는 질소가 가득 찬 풍선과 다름없다. 따라서 눈에 보이는 대로 판단을 내리면 체형을 원래보다 크게 오판할 여지가 있다.

이쯤 되면 시체 안에 독립적인 생태계가 형성된다. 시체는 부패한 냄새와 연조직을 통해 검정파리를 불러 모은다. 이 파리들은 수분이 있는 신체 기관과 상처에 알을 낳으며 공기의 세균이 시체로 들어올 수 있는 통로를 만든다.

3. 후기 부패

파리의 유충을 시충尸蟲이라고 한다. 시충은 세 차례의 변태를 거쳐 파리가 된다. 이 파리들은 시체에 흥미를 보이지 않으며 다른 동물이나 곤충을 불러들이는 요인이 된다. 이렇게 시체에 꼬이는 동물에도 순서와 규칙이 있는데, 이는 주위 환경에 따라 결정된다. 시체에 몰려든 동물들이 전부 시체를 목표로 삼는 것은 아니다. 그중에는 어부지리로 다른 곤충이나 동물을 잡아먹기 위해 찾아온 것들도 있다.

4. 백골화

백골화는 시체의 연조직이 뼈와 함께 거의 다 떨어져 나가는 과정을 가리킨다. 이 단계에 들어서면 법의인류학자는 바로 뼈를 분석할 수 있다. 하지만 이는 가장 이상적인 상황일 뿐 현실에서는 시체 한 구 안에서 부위에 따라 부패 단계가 다르게 나타나기도 한다. 머리는 이미 백골화되었는데 사지는 미라화가 되고 등은 비누화saponification되는 상황이 가장 일반적이다. 이를 가리켜 시랍屍蠟 물질에 싸여 있다고 한다.

시체가 유골이 되기까지 걸리는 시간은 추산하기 어렵다. 연구에 따르면 덥고 습한 날씨에서는 시체의 부패 속도가 빨라져 유골이 될 확률도 높아진다고 한다. 또, 시체가 매장되었는지도 고려해야 한다. 시체가 따뜻한 곳에 묻힌 경우(토양의 종류나 매장된 깊이 등의 요소는 배제한다) 공기에 직접 노출되었을 때 시체 부패 속도에 따라 유골이 될 가능성이 있다는 연구 결과가 있다. 시체가 유골이 될 때는 관절 사이의 연골을 포함한 연조직이 전부 부패하여 분해되고, 얼마 지나지 않아 관절은 분리되기 시작한다. 관절 탈구 현상은 흔하게 발생하며 외부에 노출된 시체일수록 그렇게 될 확률이 높다. 그러므로 온전한 시체 한 구를 찾았다 해도 연조직이 사라진 후라면 뼈들이 연결되어 있지 않다.

다시 말해 시체 부패 속도는 기온과 산소량에 따라 달라진다. 다양한 사례를 분석해서 정리해보면, 습하고 온도가 높은 곳에 있는 시체는 2주 안에 완전히 유골이 된다. 습기가 매우 높은 탓에 갖가지 곤충이 들러붙어 사흘 만에 완전히 유골이 되었다는 극단적인 사례도 발견된다. 하지만 보편적으로는 12~18개월이 흘러도 힘줄이 남아 있는 반#유골 상태가 되며, 3~5년이 지나야 '깔끔한' 유골이 된다. 그렇다면 강수량이 매우 많은 곳에서는 부패 속도가 빠를까? 그렇지 않다. 습도는 높지만 파리의 알이 비에 씻겨 내려가기 때문에 시체의 부패 속도가 늦추어진다. 이와 같은 원리는 바람이 세고 날씨가 추운 지역에서도 마찬가지로 작용한다.

물속에 잠겼을 때 생기는 변화

죽은 뒤에 시체가 물에 버려졌다고 가정해보자. 이 경우 시체는 머리부터 발끝까지 12시간 안에 경직이 일어난다. 24시간이 지나면 발에서 머리까지 시체가 다시 물러진다. 시체가 물에 있으면 곤충이 꼬일 확률은 현저히 낮아지지만 물 안에도 그곳만의 생태계와 '시체 사냥꾼'은 있게 마련이다.

2014년, 캐나다의 한 연구 팀은 돼지 사체를 이용해 수중 부패 속도와 관련된 연구를 진행했다. 연구원들은 돼지 사체에 관찰 카메라를 묶어 물속에 가라앉혔다. 이때 찍힌 영상에는 흥미로운 내용이 많았는데 그 안에는 새우, 스코앗 로브스터, 던지니스 크랩 등 다양한 수중 생물이 등장했다. 수중 생물 때문에 특정 수역이나 수원지에서는 시체가 한쪽 다리만 남은 채 발견되기도 했다. 그만큼 이 생물들이 시체가 부패하는 과정에서 중요한 역할을 맡고 있는 것이다.

물의 온도 역시 시체의 부패 속도에 큰 영향을 주는 요소다. 여러 분야의 연구에 따르면 시체는 수온이 높을 때 훨씬 빨리 부패한다고 한다. 즉, 빙하 부근에서 발견된 시체의 부패 속도는 아열대 수역과 큰 차이를 보일 수 있다는 뜻이다. 물의 염도에 따라서도 부패 속도는 확연하게 달라진다. 염분이 시체의 수분을 뽑아내기 때문에 담수 수역의 시체가 염수 수역의 시체보다 빠르게 부패한다. 그래서 염수에서 발견되는 시체는 보존이 잘 되는 편이다.

앞서 말한 실험에서 연구 팀은 세 마리의 돼지 사체를 물속에 가라앉혔는데, 그중 세 번째 사체의 부패 속도가 가장 느렸다. 이는 세 번째 사체를 넣은 수역의 산소 함유량이 나머지 두 수역보다 훨씬 낮았기 때문이다. 산소 함유량의 차이는 '시체 사냥꾼'의 등장 확률에도 영향을 미쳐 돼지 사체가 먹히는 정도도 달라졌다.

일반적으로 연조직이 물에 닿으면 DNA를 채취하기가

85

어려워지고 물에 잠기면 지문 식별이 힘들어져 신원 확인이 쉽지 않다. 하지만 심해는 산소 함유량이 낮은 편이라 공기를 효과적으로 차단하기 때문에 유골이 잘 보존되는 효과가 생기기도 한다. 쉽게 말해 시체는 공기 중에 노출되어 있을 때보다 물속에서 더디게 부패한다. 이는 물속의 온도와 산소 함유량이 공기 중보다 낮아 곤충이나 포식 동물이 시체를 접촉할 기회가 적기 때문이다. 수온이 낮으면 시체가 덜 부풀어 오르고 연조직의 부패가 늦어져 상대적으로 온전한 상태로 보존된다. 반대로 수온이 높은 상황에서는 시체의 손발이 쉽게 부풀고 시체에서 손발이 떨어져 나가기 쉬우며, 머리카락과 손톱이 빠지고 표피가 벗겨진다.

수중 미라

시체는 물속에 있으면 보통 부패하여 백골이 되지만 간혹 시랍화되어 보존되기도 한다. 시랍화는 시체 혹은 인체의 지방이 비누화되어 비누처럼 매끈해지는 것을 가리키는 말로, 부패의 완성이라고도 할 수 있다. 시체는 따뜻하고 습한 무산소 환경에서 지방이 혐기성 세균과 접촉할 때 생기는 화학 작용으로 시랍화된다. 이런 환경은 진흙이나 물속에서만 형성된다.

시랍에 이르게 하는 영양분 비율이나 비누화를 일으키는 요인에 관한 연구는 지금도 진행 중이다. 시랍이 되면 시체는 매우 물러지고 미끌거리며 색도 회색에 가까워진다. 비누화 작용이 일어난 시체는 비누로 만든 미라처럼 된다. 그러나 시간이 흐르면서 시랍은 마르고 단단해져 쉽게 금이 간다.

시랍화된 미라 중에는 '솝 레이디Soap Lady'와 '솝 맨Soap Man'이 유명한데, 그중에서도 솝 레이디가 더 잘 알려져 있다. 솝 레이디는 관에 물이 들어차 시체에 비누화 작용이 일어난 것이라고 한다. 1980년대 후반, 연구자들은 엑스선 촬영을 통해 솝 레이디가 1830년대에 살았으며 사망 당시 연령은 20대였을 것으로 추정했다. 그녀는 현재 미국 펜실베이니아주의 무터 박물관에 전시되어 있다.

돌아오지 못한 사람들

해양 사고라고 하면 타이타닉호 침몰 사건을 떠올리지 않을 수 없다. "당신이 뛰면 나도 뛸 거예요"라는 대사로 유명한 1997년 개봉작 《타이타닉》은 주제가 〈My heart will go on〉으로도 잘 알려져 있다. 2012년은 타이타닉호가 침몰한 지 백 년이 되는 해였다. 1912년에 2,200명이 넘는 사람들을 태우고 출항했던 타이타닉호는 빙산에 부딪혔고 배 안에 있던 승객 중 1,500명이 배와 함께 바닷속으로 가라앉았다. 그중 겨우 700여 명만이 목숨을 건졌다. 바다에 가라앉았던 1,500명의 시체가 어떻게 되었을지 생각해본 적 있는가?

모든 조난자의 시체가 바다에 가라앉은 것은 아니다. 그렇다면 몇 명이 바다에 가라앉았을까? 또, 그중에 몇 명이 구명조끼를 입고 바다를 표류하다 10여 분 안에 저체온증으로 죽었을까? 선체가 침몰할 때 유리나 기물의 파편에 상처를 입어 목숨을 잃은 사람은 얼마나 될까? 우리는 영원히 정확한 수치를 알 수 없다.

훗날 타이타닉호의 잔해에서 발굴된 시체는 340구였다. 그 말은 나머지 1,160구는 배가 침몰한 뒤로 발견되지 않았다는 뜻이다. 그렇다고 해서 그 시신들이 모두 바다 밑에 있다는 것도 아니다. 당시 이루어졌던 수색 과정을 살펴보면 실마리를 찾을 수 있다.

첫 번째 수색선인 맥케이 베네트호는 타이타닉호가 사고를 당한 지 사흘 만에 캐나다 노바스코샤에서 출발해 침몰 지점에 도착했다. 바닷물이 시체들의 부패 속도를 늦추긴 했지만 이는 바다에 잠긴 부분에만 해당하는 얘기였다. 공기에 노출된 부분은 보통 시체와 같은 속도로 부패되었고 여기에 새들의 공격까지 더해져 부패가 급격하게 진행되었다. 새들은 바다 위를 떠다니는 '식량'을 놓치지 않는다. 다행히 수색선은 넓은 바다에서 대부분의 시체를 '온전한' 상태로 건질 수 있었다. 당시 맥케이 베네트호가 찾아낸 시체는 총 306구였으며, 나머지 두 수색선이 총 20구의 시체를 찾아냈다. 그로부터 한 달 뒤, 타이타닉호 침몰 지점으로부터 321킬로미터 떨어진 곳에서 작은 배에 실린 시체 3구가 추가로 발견되었다.

뼈의 방

당시 찾아낸 시신 가운데 모습을 전혀 알아볼 수 없어 신원을 확인하지 못한 160구의 시체는 천으로 싼 뒤 쇳덩이를 달아 다시 바다에 가라앉혔다. 남은 수백여 구의 시신은 수색선에서 방부 처리를 한 다음 관에 넣었다. 시체들의 처리를 맡은 회사는 캐나다의 존 스노우 퓨너럴 홈이었다. 그들은 스케이트장을 임시 장례식장으로 사용했고, 150명의 시신은 마지막까지 신원을 확인하지 못한 채로 땅에 묻었다.

타이타닉호의 아래층 승객들은 영화에서처럼 도망도 치지 못한 채 배 안에 갇히고 말았을 것이다. 배가 침몰한 뒤 물과 함께 많은 양의 공기가 밀려 들어가 많은 시체가 부패했을 가능성이 크며, 해양 동물들도 시체를 서서히 먹어치웠을 것으로 보인다. 어쩌면 엔진실에 갇혀 있었던 선원들의 시체는 부패하지 않고 보존되었을 수도 있다. 영화 자문에 응했던 한 전문가는 배 잔해에 서른 번을 넘게 오가면서도 시체를 발견하지 못했다고 말했지만 말이다. 배가 바다 밑으로 가라앉았기 때문에 우리는 여전히 조난자들의 물품이나 시체를 더 찾아낼 수 있다고 믿고 있다. 넓디넓은 바다가 언제쯤 타이타닉호의 일부라도 우리에게 돌려보내줄지는 지켜볼 일이다.

이 장의 첫 부분에서 언급했던 일본 유령선 사건으로 돌아오자. 주변의 물건을 통해 북한 사람의 유골일 것이라고 추정하긴 했지만 사건의 원인은 명확히 밝힐 수 없었다. 추측하자면 어선의 설비가 낡아 바다에서 사고를 당했거나 식량이 떨어져 구조를 기다리다가 죽음에 이르렀을 것이다.

이 사건은 '유령선'이라는 단어가 덧붙여지며 미스터리한 느낌이 더해졌다. 하지만 버려진 배나 침몰한 배에서 유해를 찾는 일은 종종 발생한다. 2014년에 한국에서 있었던 세월호 참사도 그런 예라고 할 수 있다. 세월호는 남해에서 침몰하여 탑승객 304명이 사망했으며, 그중 조난자 다섯 명의 시신은 지금까지도 찾지 못하고 있다. 2014년 11월, 시신을 찾지 못한 가족들은 희생자들을 위한 추모식을 거행했다. 유해 수색 팀은 그 주에 유골을 추가로 발견했지만 그 사실을 은폐하고 있다가 2017년에 적발되었다. 이보다 앞서 발견된 침몰선의 잔해에는 완전히 부패하지 않은 유해가 더 있을 것으로 의심되기도 했다. 세월호는 염수 수역에서 침몰한 것이기 때문에 시체의 부패 속도가 늦추어졌을 것이고, 시신의 보존 상태가 예상보다 양호했을지도 모른다는 추측이 있다.

살아갈 힘을 얻기 위하여

세월호 참사가 일어난 지도 벌써 수년이 지났지만 그 아픔은 여전하다. 실종자들의 가족은 오랫동안 단 하나의 답만 기다렸다. 하지만 세월호를 인양하는 과정에서 발생한 추문은 지금까지도 끊임없이 폭로되고 있다. 수색 팀이 수색 작업을 하루라도 빨리 마치고자 유골을 찾았다는 사실을 은폐한 것은 전문가답지 않은 행동이었다.

이미 다 죽었는데 무슨 상관이냐고 생각하는 사람도 있을 것이다. 하지만 한 종족이 멸절하다시피 한 살상지를 찾아가보면 그곳에서 살아남은 사람들과 유족들은 오로지 한 가지 답만 기다리고 있는 것을 볼 수 있다. 그들은 자신이 사랑했던 가족, 친척, 친구를 그리워하고 애도하며 앞으로 열심히 살아가게 해줄 이정표를 바라는 것이다. 듣게 될 답이 원하던 내용이 아닐 수도 있다. 하지만 그들을 찾아주려는 노력이 생존자들과 유족의 마음에 난 구멍을 조금은 채워줄 수 있지 않을까.

91

4장

눌린 뼈,   튀어나온

뼈

2018년 6월 중하순, 인터넷에는 페루에서 발견된 '외계인' 미라 영상이 떠돌았다. 나 역시 많은 친구와 독자로부터 영상을 받았다. 다들 이 '세상을 깜짝 놀라게 할 만한 발견'이 사실인지 궁금해했다.

사람들은 이 미라의 손가락과 발가락이 각각 3개뿐인 데다 길이가 보통 사람들보다 훨씬 길다는 사실에 주목했다. 이 미라의 두개골은 사람의 두개골과 달랐고, 인간다운 특징도 없었다. 머리 길이도 일반인보다 길었고 커다란 눈이 있었던 흔적만 있을 뿐 콧구멍과 귓구멍이 발견되지 않았다.

미라 영상을 분석한 또 다른 영상을 보면 전문가가 미라의 엑스선 사진에 턱이 보이지 않는다며 생전에 음식물을 씹지 못했을 것이라고 말하는 장면이 있다. 영상의 원본에서 엑스선 전문가는 두개골에서 봉합선 흔적을 찾을 수 없다는 사실이 미라의 두개골이 위조되지 않았다는 증거라고 말하기도 한다. 얼핏 듣기에는 근거가 충분해 보이지만 나는 관련 영상을 전부 찾아 본 후에 몇 가지 의문이 들었다.

말랑말랑한 아기의 두개골

내 강의를 들어본 독자가 있을지 모르겠다. 나는 다양한 지역에서 유골을 발견하고 분석하는 법의인류학이 왜 중요한지 설명하면서 페루의 '만들어진 두개골' 사례를 소개한 적이 있다. 미라 분석 영상 속의 두개골이 바로 이 경우다. 길이가 긴 이 두개골은 콜럼버스 이전의 시대pre-Columbia●의 문화 풍속이다. 당시에는 심미관과 사회적 지위 등에 걸맞게 두개골 모양을 만드는 풍속이 있었다. 이는 고대 이집트의 풍속과도 매우 유사하다. 구글에 '외계인 해골alien skull'이나 '사람이 만든 두개골human-hybrid skull'을 검색하면 기다란 두개골이 나오는데, 이는 대부분 콜럼버스 이전의 시대인 파라카스 문화●●의 산물이다.

● 15세기 말 콜럼버스와 유럽인들이 아메리카 대륙에 상륙하기 전 남아메리카, 북아메리카, 중앙아메리카에서 발전했던 미주 원주민들의 원시 문화.

●● 파라카스반도에서 기원전 800년경에 형성된 문화로 중심지는 현재의 페루 남부 이카 지역 부근이다.

사람의 두개골은 성장한 뒤에 더 단단해지는 매우 특별한 부위다. 신생아의 두개골은 무른데, 이는 엄마의 산도産道를 순조롭게 통과하여 세상에 태어난 뒤 성인이 될 때까지 지속적으로 성장하기 위함이다. 이 말은 태어난 지 얼마 안 된 아기의 머리 모양은 변형할 수 있다는 뜻이기도 하다. 먼 옛날에는 아기의 머리 모양을 바꾸는 것이 유행했다. 고대 그리스 의학자 히포크라테스는 기원전 400년에 쓴 글에서 의도적으로 머리 모양을 바꾸는 것은 사회적 지위의 상징이라고 말했다. 페루와 이집트에도 비슷한 관습이 있었다. 2008년에 개봉한 영화《인디아나 존스: 크리스털 해골의 왕국》의 크리스털 해골 역시 고대 페루의 풍습에서 파생한 것이다.

머리 모양을 바꾸기 위해서는 아기 머리에 압력을 가해야 한다. 그리고 이는 두개골이 아직 무른 생후 12개월 이내에 이루어져야 한다. 먼 옛날 부모들은 판과 붕대를 동원하고 정기적으로 마사지까지 해가며 아이들의 두개골 성장을 제한했다. 미국에서 콜럼버스 이전의 시대에 살던 사람들은 머리 모양을 바꾸는 것을 엘리트라는 표식으로 받아들였다. 19세기 북아메리카에서 평평한 이마는 자유를 의미했고 둥그런 이마는 사람들에게 무시당했다. 머리 모양을 새로 만드는 것은 신생아를 더 강하고 나은 존재로 만들겠다는 신념 즉, '미완성의 자신'을 바꾸겠다는 문화적 의미를 가졌다.

우리에게도 머리 모양이 '만들어진' 경험이 있다. 어렸을 때 침대에 반듯한 자세로 누워서 자라던 부모님의 말씀을 들어본 적이 있지 않은가? 20여 년 전, 몇몇 서양 의학자들은 아기가 자는 사이 질식사하는 것을 방지하기 위해 반듯한 자세로 누워서 자는 것을 권장했다. 실제로 이 방법 덕분에 밤새 질식사하는 아기의 수는 눈에 띄게 줄어들었다. 하지만 사두증(아기머리 뒷부분의 한쪽이 평평하거나 납작하게 들어간 증상)을 보이는 아기의 수는 늘어났다. 기업과 단체들은 이 기회를 놓치지 않고 두상을 교정하는 헬멧을 출시했다.

　　머리 모양을 만들거나 인체에 삽입물을 넣는 것은 예술과도 같다. 그래서 아름답다고 느끼는 사람이 있는 반면 어떤 사람은 질색하기도 한다. 또한 두개골의 모양을 바꾸는 풍습은 여러 지역에서 찾아볼 수 있다. 그래서 인류학에는 머리의 상징적 의미를 전문적으로 연구하는 분야가 따로 있다.

　　신경외과에서 두개골 조기유합증이라는 희귀 질환을 연구하는 학자도 있다. 이는 아기의 두개골 봉합선이 너무 일찍 유합되는(일반적으로는 만 1세 이후에 시작된다) 질병을 가리킨다. 이 병에 걸리면 성장 중인 뇌의 내압이 높아져 뇌 기능과 생활 능력에 영향을 끼친다. 치료법 중에는 두개골에 삽입물을 넣어 틈을 만드는 방법도 있다. 환자를 치료하면서 외관도 개선하기 위한 것인데, 무엇보다 환자의 생활을 정상 궤도로 돌아오도록 돕는다는 점에서 의미가 있다. 두개골과 각 사회의 고유한 문화, 이와 관련된 질병 연구는 법의인류학자가 유골의 신원을 밝힐 때 매우 큰 도움이 된다.

아름다움을 얻고자 외모를 인위적으로 바꾼 사례는 얼마든지 있다. 중국의 전족纏足이나 19세기의 코르셋, 오늘날까지도 태국 치앙마이에서 볼 수 있는 카렌족 등이 그 예다.

태국에 거주하는 카렌족은 대부분 미얀마 출신의 난민이다. 그들에 대한 외부의 평가나 인식은 보통 '독특한 심미관을 갖고 있다'라는 표면적인 이해에 그칠 뿐이었다. 서양 언론 매체에서는 그들이 사는 지역을 '인간 동물원'이라고 부르기까지 했다. 그러다 보니 그들의 문화나 골격에 관한 연구도 거의 진행되지 않았다. 그나마 있는 내용도 대부분 여행객에게 보여주기 위해 쓴 글뿐이었다.

지금까지 알려진 정보에 따르면 다음과 같다. 카렌족 여자들은 9세부터(수요일에 태어난 여자아이는 5세부터) 목에 9개의 황동 링을 착용하는데 그 무게가 약 1.6킬로그램에 이른다. 4년에 한 번씩 착용하는 링의 개수를 늘려 청소년기가 끝나기 전에 목에 두르는 링의 무게는 총 5킬로그램에 이른다. 링의 수를 늘려 착용하는 일은 약 45세까지 평생 9번 정도 있다. 마지막에는 링의 무게가 13~15킬로그램에 이르고 개수도 무려 32개로 늘어난다. 이렇게 링을 더 끼울 때는 추가로 끼우는 링만 새것으로 바꾸는 것이 아니라 전체를 한꺼번에 교체한다.

무거운 금속 링은 목의 길이를 늘일 것 같지만 사실은 그렇지 않다. 엑스선 사진을 보면 오히려 양쪽 쇄골이 내려앉는 것을 볼 수 있다. 카렌족 사람들이 착용하는 링은 모두 갈비뼈 위에 얹히는 꼴이 된다. 게다가 목에 링을 하면 아래턱뼈가 계속 위로 향하게 되어 위아래턱과 얼굴의 성장 및 비율, 치아 교합 등 구강 건강에도 영향을 준다. 연구에 따르면 카렌족은 얼굴 길이가 비교적 짧다고 한다.

2015년, 미국 로스앤젤레스에 사는 시드니라는 여성은 목에 링을 착용하는 습관이 있었다. 그녀는 16개에 이르는 링을 목에 끼워 목이 12.7센티미터까지 늘어나 있었다. 이 때문에 운전하거나 주차할 때 목을 돌릴 수 없는 지경이 되었고 음식을 먹는 습관도 바꿔야 했다. 의사는 링 착용을 멈추라고 여러 차례 권했지만 그녀는 들으려 하지 않았다. 2018년, 시드니는 결국 목에서 링을 빼고 건강을 회복하기로 마음먹었다. 훗날 인터뷰에서 그녀의 주치의 역시 시드니가 건강을 회복하면 목 부위 근육도 건강한 상태로 되돌아오고 이후의 생활에도 큰 문제가 없을 것이라고 이야기했다.

아름다움을 추구하기 위해서만 몸에 변형을 가한 것은 아니었다. 영국에서 발견된 19세기 남자의 유골에서는 코르셋을 했던 흔적이 남아 있다. 18, 19세기의 의사들은 환자의 자세를 개선하기 위한 목적으로 코르셋을 입히기도 했다.

18, 19세기는 영국 사회가 산업혁명으로 빠른 성장을 하던 시기다. 공업의 발전으로 경제가 급속도로 발전하여 산업혁명은 근대와 현대를 가르는 분수령이 되었다. 하지만 위생 환경은 여전히 열악했고 그 영향이 사람들의 뼛속에 고스란히 새

겨졌다. 도시 인구가 폭발적으로 늘어나면서 전염병이 쉽게 퍼졌으며 그중에서도 폐결핵이 기승을 부렸다.

폐결핵은 19세기 영국 인구 3분에 1에 해당하는 사람들의 목숨을 앗아갔다. 폐결핵은 주로 폐 부위를 공격하지만 혈액을 통해 확산되면 뼈, 특히 척추뼈에까지 영향을 준다. 첫째로 척추뼈가 폐와 가깝기 때문이며 둘째로는 폐결핵의 결핵균이 척추뼈에 있는 혈세포를 만드는 조직에 끌리기 때문이다. 폐결핵은 척추 붕괴를 일으키는데 이를 척추 결핵 혹은 포트병이라고 한다. 앞서 말한 영국 남자의 유골에는 결핵의 흔적이 남아 있었다.

학자들은 구조적 폭력이라는 프레임으로 목에 링을 착용하는 풍습, 전족, 코르셋 등의 문화 현상을 연구한 바 있다. 코르셋은 사회가 요구한 체형을 만들기 위한 물건이었다. 여자는 허리를 가늘게 만들어 가슴과 엉덩이의 굴곡이 두드러지도록 보이기 위해, 남자는 허리를 가늘게 조여서 어깨가 넓어 보이게 하려고 코르셋을 입었다. 연구자들은 생물고고학적으로 유골을 분석하여 사람들, 특히 여성들에게 강요된 사회적 표준과 당대의 사회 및 정치 구조를 밝혀냈다.

사소한 습관도 보인다

두 개의 아래팔뼈 중 자뼈(아래팔의 안쪽에 위치하며 삼각기둥 형태로 생긴 긴 뼈—옮긴이)의 크기는 얼마나 물건을 많이 던질 수 있는지와 관련이 있다. 생물인류학적 방법으로 분석한 결과, 자뼈는 먼 옛날 창을 던져 사냥감을 잡던 사냥꾼의 아래팔에서 관찰되던 것이다. 사냥꾼의 뼈와 근육과 맞닿는 곳은 비교적 또렷하게 튀어나와 있는데 이는 그 부분의 근육이 다른 곳보다 많이 발달했다는 증거다. 현대 사회에서는 주로 투수의 아래팔에서 이런 특징이 발견된다. 이는 목뼈에서 이어지는 뒤침근 능선이 과도하게 발달하여 근육이 보통 사람보다 탄탄하다는 뜻이다. 볼프의 법칙에 따르면 우리의 뼈는 신체 부위에 가해지는 하중에 적응하여 근육과 골격이 서서히 그 무게를 견딜 수 있게 변한다고 한다. 이렇게 우리는 뼈를 통해 그 사람의 일상이나 직업을 추정할 수 있다.

정강뼈와 가까운 발꿈치 말단이나 골반, 무릎에서 예사롭지 않은 접촉면이 보인다면 그 뼈의 주인에게 쪼그리고 앉는 습관이 있다는 뜻이다. 이런 흔적들은 생전의 지표다. 미국의 법의인류학자 케네스 케네디Kenneth A. R. Kennedy 박사는 직무 스트레스나 일상적인 활동으로 뼈에 남는 흔적 140개를 목록으로 만들었다. 이런 자료는 고고학자가 수천 년 전 사람들의 생활을 되짚어 보는 데 도움이 되며 법의인류학자가 유골의 신원을 감정할 때도 좋은 자료가 된다.

이 책을 읽는 독자들은 후손들이 훗날 우리의 뼈에서 찾을 이 시대의 흔적이 무엇일지 궁금할 수도 있겠다. 나는 그 답을 경추가 닳은 흔적이라고 말하고 싶다. 흔히 말하는 거북목 증후군 말이다. 거북목 증후군에 걸린 목은 오랫동안 사람 머리의 무게*를 견뎌야 한다. 따라서 뼈가 닳고 심하면 수술로 치료해야 한다. 의사들에 따르면 사람이 고개를 2.5센티미터 숙일 때마다 등에 가해지는 압력은 2배가 된다고 한다. 각도로 계산하면 고개를 60도 정도 숙일 때 27킬로그램(8, 9세 아이의 무게와 같다)의 무게가 목에 더해지는 것이다.

원시 병리학에서도 옛날 사람의 뼈에 남겨진 병리를 분석하고 상처와 압력의 흔적 및 변화를 연구하는 일은 매우 중요했다. 이것들은 현대 질병의 기원과 변화를 찾는 단서이기 때문이다.

운이 좋으면 미라를 발견할 수도 있지만 고고학 연구로 출토된 문물 가운데 쓸 만한 것은 대개 유골이다. 사소해 보이는 문물에도 고대의 생활 방식과 환경, 건강 등을 연구하기에 유용한 정보가 담겨 있기 마련이다. 이를테면 뼈의 상처는 고대의 풍속, 관습, 정치 등 실제 생활의 세부 모습을 드러낸다. 그래서 체질인류학자나 생물인류학자들은 옛사람들이 남긴 음식과 병에 대한 단서, 일상생활, 심지어는 직업과 관련된 흔적을 찾길 바라며 최선을 다해 뼈를 연구한다.

100

● 인체의 머리 부위 무게는 몸무게의 10분의 1 정도다.

우리 시대의 생활 습관이 뼈에 남긴 흔적에 대해 좀 더 이야기
해보겠다. 2019년 6월에는 매우 흥미로운 뉴스가 보도되었다.
사람들이 스마트폰을 오래 사용해서 두개골에 뿔이 자란다는
것이었다. 출처는 영국 BBC에서 2019년 6월 13일에 심층 보도
한 내용이었다. 이에 따르면 해부학자, 의사, 인류학자들이 수
십 년에 걸쳐 사람들의 뼈에 나타난 변화를 발견했다고 한다.
이 보도는 『네이처: 사이언티픽 리포트*Nature: Scientific Reports*』에
발표된 호주의 두 학자 데이비드 샤하르*David Shahar*와 마크 세
이어스*Mark Sayers*의 연구 보고서를 인용했다. 보고서는 그들이
2016년 『해부학 저널*Journal of Anatomy*』에 발표한 글의 연장선상
에 있다.

　　　두 학자는 18~86세에 해당하는 사람 1,200명의 엑스선
사진을 조사했다. 모두 같은 척추 전문 병원에서 찍은 사진으
로, 대부분 경추 통증으로 치료를 받으러 온 환자들의 사진이었
다. 데이비드 샤하르와 마크 세이어스는 이 사진들을 이용해 뒤
통수뼈(후두골이라고도 함—옮긴이) 아랫부분에 나타난 외후두
융기, 즉 EOP를 수치화했다. EOP는 이름 그대로 뒤통수뼈 바깥
부분 아래에 튀어나온 뼈를 가리키는데, 목덜미 인대의 상단을
고정하는 데 도움을 준다. 목덜미 인대는 7번 경추까지 이어져
목이 잘 움직일 수 있도록 돕는다. 해부학과 골학에서는 근육이
나 힘줄, 인대, 뼈를 연결하는 점을 모두 부착부라고 한다. 이런

위치에 있는 뼈의 크기는 근처 근육과 뼈의 발달 정도, 병, 상처에 영향을 받는다.

두 사람은 2018년에 발표한 보고서에서 성별이 EOP의 크기를 추정하는 가장 큰 요인이라고 주장했다. 그들은 이 증세가 남성에게서 나타날 비율이 여성의 5배가 넘는다는 통계 자료를 근거로 제시했다. 이는 사람의 뼈와 늘 함께하는 생물고고학자나 법의인류학자, 원시 병리학자에게는 매우 합리적으로 들린다. 이들은 성별을 추정하는 조건과 지표로 EOP를 사용해 왔기 때문이다. 지난 연구에서도 EOP는 대부분 남성의 표본에서 나타났다. 성별에 따른 EOP 크기의 차이는 남녀의 근육 발달 정도가 달라 발생한다.

이 연구가 EOP에 새로운 의미를 부여한 것은 두 학자가 현대 과학 기술의 산물, 특히 스마트폰이 우리의 자세에 영향을 미쳐 EOP가 지나치게 발달하거나 손상된다고 주장했기 때문이다. 이 연구의 추론과 분석은 『워싱턴 포스트』의 〈젊은 사람들의 머리에서 '뿔'이 자라고 있다. 연구 결과에 따르면 이는 스마트폰 사용 때문〉이라는 기사로 이어졌다. 하지만 이는 인류학자들을 웃을 수도 울 수도 없게 만드는, 심지어 몹시 분노하게 만드는 제목이다.

EOP의 크기와 튀어나온 정도는 유전자나 상처 등의 영향을 받는다. 오랫동안 고개를 숙이면 근육에 압력이 가해져 EOP가 발달한다고 해석할 수도 있다. 하지만 EOP의 핵심인 크기와 발달 정도는 나이의 영향을 가장 크게 받는다. 다시 말해 나이가 들수록 EOP도 점점 더 발달할 수 있다는 것이다. 나이 대를 추정하는 것이 근육이 장기간 받는 압력을 관찰하는 것보다 EOP의 발달 원인을 밝히는 데 훨씬 효과적이다. 청소년과 아이의 EOP 발달을 연구하려면 별도의 연구를 설계해 각 연령층을 실험해봐야 한다. 이 연구만을 토대로 EOP의 발달과 스마트폰의 사용을 관련 짓기는 성급한 감이 있다.

사람의 머리가 무거운 것은 사실이다. 하지만 문명과 사회의 변화를 봤을 때 사람들은 줄곧 고개를 숙여 일하는 방식을 고수해왔다. 현대 사람들은 휴대 전화 때문에 고개를 숙이지만 예전 사람들은 책을 보기 위해 고개를 숙였다. 휴대 전화를 만지작거리든 책을 보든 고개를 숙여서 경추에 일정한 부담을 주는 것은 매한가지다. 이는 경추의 골질(골조직의 세포간질을 형성하는 물질로 콜라겐의 일종—옮긴이) 증식을 일으키고 경추 관절염 등을 유발한다. 그러므로 스마트폰 때문에 아이의 뒤통수뼈에 뿔이 날까 걱정하느니 평소에 목을 과다하게 사용하지 않는 습관을 들이는 것이 낫다. 가능하다면 목을 편하게 해주고 누워서 목 근육을 풀어주도록 하자.

과학은 거짓말을 용납하지 않는다

앞서 언급한 미라 이야기로 다시 돌아오자. 영상에서는 미라의 샘플을 가지고 어느 시기의 '생물'인지 감정했다. 탄소14 측정 결과 이 미라는 기원전 245~410년 사이의 것이었다. 이 시기는 나스카 문화* 전성기와 접점이 있다. 그런데 영상 속 전문가는 미라를 당시 페루 나스카 지역의 문화와 비교하지 않고 그저 사람이 아니라는 말만 반복했다. 나는 이 점에 큰 의혹을 느꼈다.

미라 조사 영상에서 전문가가 '세 손가락'에 대해 반복적으로 계속 언급하는 것은 이 유골이 보통 사람과 다른 손발을 가지고 있다는 것을 사람들에게 주지시키기 위함이었을 것이다. 영상에서는 미라의 손 부위 엑스선 사진을 보여주지 않기 때문에 진위 여부를 가려낼 수는 없다. 하지만 이 미라가 발견되기 몇 달 전 페루의 한 사막에 있는 동굴에서 손가락이 3개인 손이 발견되었던 사건이 떠오른다. 손가락들은 길이가 20센티미터 정도였으며 손톱도 있었다. 페루 현지 전문가는 연구 끝에 그것이 인위적으로 만든 손임을 알아냈다. 손끝에서부터 세 마디를 제외하고는 손가락뼈의 구조가 정상적인 해부학적 신체 배열과 달랐기 때문이다. 손가락 하나에 둘 이상의 손가락뼈가 들어 있었다. 우리가 세워볼 수 있는 가설은 본래 한 손에 있던 두 손가락의 뼈를 새롭게 배열해 손가락이 세 개인 손을 만들었다는 것이다.

머리 모양이나 손가락 수 외에 미라를 덮고 있는 하얀

● 기원전 300~700년에 페루 나스카 지역에서 나타난 고대 문화다. 나스카 라인으로 세상에 이름을 알렸다.

'분칠'에 의혹을 느낀 사람들도 있다. 이는 수지(소나무나 전나무 등 나무에서 분비된 점도 높은 액체가 공기에 닿아 산화해 굳어진 것―옮긴이)의 일종으로 미라를 만들 때 탈수에 도움을 준다. 미라를 덮은 가루는 현지 특유의 날씨 때문에 하얗게 변한 것이다. 수지를 이용해 미라를 만드는 방식은 고대 이집트에서도 발견된다.

　　　조사 결과를 발표한 원본 영상을 보면 그들의 주장에 더 의문을 품게 될 것이다. 조사 팀은 여름 방학에 열리는 세계 미라 학술 대회에서 자신들의 연구 및 조사 결과를 발표했다. 하지만 학술 대회는 그들 연구의 신빙성에 의문을 품고 다음과 같이 말했다. "미라 연구는 과학의 영역이다. 거기에는 어떤 거짓 과학도 발붙일 수 없다." 그들의 연구에 의심스러운 부분은 이뿐만이 아니다. 흥미가 있는 사람은 웹사이트 Gaia(www.gaia.com―옮긴이)에서 원본 영상 'Unearthing Nazca'를 살펴봐도 좋다. 이 미라의 DNA 보고서는 2018년 9월에 공개되었다. 그 답은 바로 미라가 '사람'이라는 것이었다.

3부

죽음이 남긴
메시지

1장

뼈에   대한   예의

죽은 사람을 잊는 것은 그들을 두 번 죽이는 것과 같다.●

-『나이트』, 엘리 비젤

제2차 세계 대전이 막을 내리고 몇 년 뒤, 미국 마리아나 제도에서 전사한 일본군의 유해가 고국으로 보내져 안장되었다. 하지만 이렇게 일본으로 돌아간 시체 중 절반 이상은 머리가 없었다. 일본군을 죽인 미군들이 전리품으로 그들의 목을 베었기 때문이다. 미군들은 이렇게 잘라낸 머리를 끓여 연조직을 제거한

● 이 문장 바로 앞에는 "잊는다는 것은 위험하기도 하지만 모욕적이기도 하다"라는 문장이 나온다.

뒤 두개골만 남겼다. 이 '전쟁 기념품'은 자신들이 보고 즐기기 위한 것이기도 했고 사랑하는 사람에게 보내는 선물이기도 했다. 군인들은 이 두개골을 군영 안에 장식품처럼 걸어두거나 안내 표지판으로 사용했다. 제네바 협약[•]에 따라 이런 행위가 위법으로 간주된 이후, 미군은 이 '전쟁 기념품'을 군영 밖으로 내보내는 것을 금지했다. 하지만 전쟁 기간 내내 '전쟁 기념품'은 사라지지 않았다.

미군이 전사한 일본 병사의 머리를 베어 기념품으로 삼은 것은 당시만 해도 일본인이 미국인과는 비교도 할 수 없을 정도로 열등하다는 인식이 있었기 때문이었다. 당시 미국 언론은 일본인을 비하하여 '황인종yellow men'이라고 불렀으며 그들이 미국인보다 멍청하다고 생각했다. 이런 인식에 더하여 진주만 공습이 일어나자 반일 정서가 심해진 것이다.

진주만이 공습을 당하기 전까지만 해도 미국은 참전할 의사가 전혀 없었다. 하지만 진주만 공습 때문에 미국은 일본인이 뼛속부터 악마라고 인식하게 되었고, 나라를 위해 복수하겠다는 마음으로 일본 병사들을 공격하고 죽였다. 이 때문에 미군

110

● 제네바 협약은 1949년 제네바에서 여러 나라가 함께 맺은 국제 조약이다. 국제인도법을 바탕으로 전쟁 동안 부상을 입은 병사, 해상에서 병을 얻은 병사와 조난자, 전쟁 포로, 일반 국민 등이 인도적인 대우를 누릴 수 있도록 보장해야 한다는 내용을 담고 있다.

은 적군의 머리를 베어 기념품으로 삼는 행동이 정당하다고 생각했다. 일본군의 다른 신체 부위도 무사하지는 않았다. 팔뼈, 치아, 귀, 코는 미국 병사들이 애용하는 '재료'였으며, 이것들을 가공해 장식품이나 재떨이로 만들기도 했다.

전쟁이 한창일 당시 미국의 루스벨트 대통령은 연방 하원의원이 보낸 편지봉투칼을 선물로 받았는데, 이는 일본군 병사의 팔뼈로 만든 것이었다. 이 선물은 일본에서 엄청난 반미 정서를 불러일으켰다. 나중에 루스벨트 대통령이 이 칼을 일본에 돌려보내 안장시켜주라는 명령을 내리고 나서야 분란은 잦아들었다. 전쟁이 끝난 뒤 일본군의 두개골 기념품은 일본으로 하나둘 돌려보내졌다. 마침내 뼈의 주인들은 고국에 돌아가 평안히 묻힐 수 있게 되었다.

머리에 영혼을 가두는 의식

유럽의 박물관에는 축소된 머리가 종종 전시된다. 그 전시품에는 남미에서 왔다는 표기가 있는데, 사람들은 그것이 실제 사람의 머리라는 사실에 감탄한다. 세계 곳곳에 '머리를 수축시키는' 문화가 있다는 이야기는 오랫동안 전해져 내려왔지만 실물을 찾았다는 기록은 아마존 분지 지역에만 있었다.

서양 국가들은 남미 에콰도르 국경 안에 살고 있는 슈아족의 머리를 수축시키는 풍습을 비문명화된 폭력적인 행동으로 인식해왔다. 슈아족 재단의 전前 이사장 펠리페 첸쿠스Felipe Tsenkush는 이 풍습이 슈아족만의 문화로 승리와 권력, 자랑스러움을 상징한다고 설명했다.

또한, 이렇게 수축된 머리는 결투나 전쟁에서 벤 적의 머리를 사용하여 실질적 쓰임이 있었다고 말했다. 이 문화는 사람이 살해당하면 그 영혼이 머리 안에 갇힌다는 믿음에서 비롯되었기 때문이다. 적의 영혼을 머리 안에 봉인함으로써 가족의 안전을 지키려 한 것이다. 하지만 공식적으로 이 풍습은 1960년대에 사라졌다고 해명했다.

슈아족은 이 풍습을 '싼사tsantsa'라고 부른다. 슈아족의 전사들은 이 의식으로 죽은 자의 영혼을 굴복시켜 복수를 막을 수 있으며 죽은 자의 힘이 전부 죽인 사람에게 옮겨간다고 믿었다. 싼사는 다음과 같은 세 단계를 거쳐서 이루어진다.

1. 발라내기
우선, 전쟁이 끝나고 수집한 머리에서 두개골을 끄집어낸다. 목 뒤 양쪽 귀 아래에 상처를 내고 그 틈을 벌려 피부를 목 부위에서 머리 위 방향으로, 다시 얼굴 앞쪽으로 천천히 당겨야 두개골과 피부를 분리할 수 있다. 분리한 뒤에 나온 두개골은 그대로 버린다. 칼이나 나무 같은 날카로운 것으로 얼굴 특정 부위의 살, 귀와 코의 연골을 제거한다. 그다음에는 눈꺼풀을 꿰매는데, 이는 죽은 사람의 영혼이 눈을 통해 상대를 보는 것을 막기 위함이다. 이어서 죽은 사람이 복수의 뜻을 내뱉

지 못하도록 하기 위해 입술도 꿰맨다. 빠르면 15분 안에 이 모든 작업을 끝마칠 수 있다.

2. 끓이기

특별히 만든 그릇에 물을 끓인 뒤 잘 꿰맨 머리를 한두 시간 정도 끓인다. 다 끓인 뒤 머리를 꺼내면 처음 물에 넣을 때보다 조금 축소된다. 이때 머리 안팎을 뒤집어 아직 남은 근육과 연골, 지방을 제거하고 목 뒤의 상처를 꿰맨다.

3. 후반 가공

이제 남은 건 머리와 목의 연결 부분뿐이다. 이 부위를 통해 뜨거운 모래와 돌을 머리 안으로 밀어 넣는다. 그 후에는 머리의 방향을 계속 바꿔주어야 두피가 당겨져 모양이 변하는 것을 막을 수 있다. 머리에 돌을 넣을 공간이 더 없을 때 나머지 부분에 모래를 채워준다. 머리 크기가 적당해지면 뜨거운 돌로 얼굴 각 부위의 특징을 살려주고 다시 건조한다. 전체 과정은 6, 7일 정도 걸린다.

싼사를 완성한 뒤 마을에서는 이를 축하하는 성대한 잔치가 열린다. 이 모든 과정이 끝나면 축소한 머리는 쓸모가 다한 후이므로 대부분 강물이나 숲에 던져버리거나 아이에게 장난감으로 준다. 슈아족 전사들에게 중요한 것은 축소된 머리를 만들어가는 과정이지 완성품이 아니기 때문이다.

싼사는 주로 남성의 머리로 만든다. 예전에는 전장에 나서는 사람이 대부분 남성이었기 때문이다. 하지만 2016년 영국 박물관에서 얻은 감정 결과는 알려진 것과 사뭇 달랐다. DNA 검사를 의뢰했던 싼사의 성별이 여성이었던 것이다. 박물관은 이 머리가 주술사의 것이었으리라고 추정했다. 아이의 병을 낫게 해달라고 주술사를 집에 불렀는데 치료에 실패하자 아이의 아버지가 분노에 차서 주술사를 살해한 것이다. 사건의 진상과 기록 사이에는 왜 이렇게 큰 차이가 있을까?

19, 20세기 유럽의 탐험가들은 남미 종족의 풍습에 남다른 호기심을 느꼈다. 그들은 싼사 풍습으로 만들어진 머리를 수집해 유럽으로 가져갔다. 이는 사고팔기 위함이기도 했지만 '비문명화된 행위'의 증거를 찾기 위함이기도 했다.

싼사에 대한 수요가 커지자 현지인들은 싼사를 총 같은 유럽인의 무기와 맞바꾸고 싶어 했다. 얼마 지나지 않아 원숭이나 산양의 머리로 만든 싼사 위조품이 생겨났고 심지어는 일부러 사람을 죽여서 싼사를 만드는 일도 벌어졌다. 이처럼 싼사에 깃들어 있던 본래의 종교적·문화적 의미는 사라지고 무고한 목숨이 희생되는 일이 연이어 일어났다. 그러자 영국의 예술가 테드 드완Ted Dewan은 옥스퍼드대학교의 피트 리버스 박물관에 자신의 머리를 기증할 테니 이를 축소하여 전시해도 좋다며 박물관에서 소장하고 있는 싼사는 모두 남미의 관련 지역과 가족에게 돌려보내 달라고 편지를 쓰기도 했다.

주인 없는 시체의 권리

2015년 핼러윈에 런던의 한 술집에서는 진짜 두개골을 음료 잔으로 사용했다. 2017년 인도의 작은 마을에서는 경찰이 사람 뼈 365개를 찾아냈다는 뉴스 보도가 나왔다. 마을 사람들은 뼈에 과산화수소 처리를 한 뒤 의사나 의과대학에 그 뼈들을 모두 팔아넘겼다고 한다. 경찰은 누군가 강에서 썩고 있던 시체를 건져 암시장에 판 것으로 추정했다.

　죽은 사람의 신체를 매매하거나 연구 용도로 쓰는 것은 그리 새로운 일이 아니다. 지난 4백여 년 동안 과학 기술이 눈부시게 발전하면서 시체 활용 방식도 이전과 달라졌다. 16세기만 해도 의학은 인체의 움직임을 이해하는 데 쓰일 뿐이었다. 르네상스 시기의 해부학자 안드레아스 베살리우스Andreas Vesalius는 학생들이 개를 해부해 인체의 구조를 배우는 현실에 매우 큰 불만을 느꼈다. 훗날 그는 동물과 인체는 구조가 다르다는 사실을 알고 실제 인체로 해부학을 공부하기 시작했다. 그 때문에 무덤에서 범죄를 저지른 자의 시체를 훔쳐 교재로 쓰는 악습도 생겨났다.

　영국에서 1832년에 '해부학법'이 시행되기 전에는 사형을 당한 사람의 시체만 해부 용도로 사용할 수 있었다. 하지만 시체의 공급량은 수요를 따라가지 못했고 악덕 장사꾼들은 암시장에서 훔친 시체를 팔기 시작했다. 시체 도둑들은 막 땅에 묻힌 '신선한' 시체를 노려 훔쳤고 이렇게 훔친 시체는 의과대학 후문에서 거래되었다. 시체 도둑들을 '부활시키는 사람'이라고 일컫기도 했다.

　　교육용 시체의 수요가 급격히 늘어나며 무덤을 판 시체 도둑들은 고가에 시체를 팔아 큰 이익을 챙겼고, 이를 위해 직접 사람을 죽이기도 했다. 실제로 19세기의 스코틀랜드 상인 두 명은 총 16명을 죽인 뒤 시체를 현지 교수에게 팔았다. 이후 아무런 대가 없이 시체를 기증하는 사람들이 늘어나면서 18, 19세기에는 시체 절도업이 막을 내렸다.

　　인도에서는 한때 사람의 유해를 합법적으로 판매할 수 있었다. 그중에서도 뼈를 많이 팔았는데 19세기 중반부터는 완벽한 뼈 매매 루트가 구축되었다. 뼈를 사고파는 경로가 정해져 있어 인도의 외진 마을에서 세계 최고의 의과대학들로 뼈들이 보내졌다. 뼈는 구하기 어려운 교육 자원이다. 현재는 세계 각국의 정책에 따라 사람이 죽고 나면 신속히 매장하고 과학 연구를 위해 기증된 시신들은 의과대학 해부학 실험실로 보낸다. 이런 시신들의 뼈는 교수의 지시에 따라 부위별로 나뉘어 '말없는 선생'의 역할을 마치면 화장된다.

　　서양 국가에서 의학 연구용으로 사용하는 뼈는 대체로 해외에서 들여오기 때문에 생전에 주인의 동의를 얻지 않았다거나 그에게 국적을 부여한 국가의 법률에 어긋나는 경우가 간혹 발생한다. 1985년, 인도 정부는 인체 기관의 수출을 전면적으로 금지하는 법을 만들었다. 그 때문에 뼈의 공급 사슬은 붕괴되었고 서양 국가들은 중국이나 동유럽 나라에 도움을 청해 뼈의 수요를 소화하고 있다.

인도에서 뼈 수출을 금지하는 법률이 생긴 지 30년이 넘었지만 뼈 매매는 여전히 사라지지 않고 있다. 암시장의 공급 업자는 '옛날 법'을 들먹이며 지금도 인도 벵골 서부에서 사람의 유해와 두개골을 훔쳐 판매하고 있다. 『보스턴 의료 및 수술 저널』에 인용된 1851년에 쓰인 글의 저자 찰스 놀턴Charles Knowlton은 뼈를 도굴해서 매매하는 행위를 칭찬하기도 했다. 도굴의 위험성에 비해 시체를 연구해 인체의 구조를 밝히는 것이 훨씬 이롭다고 생각했기 때문이다. 그는 지식을 얻겠다는 욕망이야말로 의학을 발전시키는 힘이 된다고 말했다. 조사에 따르면 인도의 무덤에서 '신선한' 시신을 발굴해내는 데 드는 비용은 1천 루피(한화 약 1만 5천 원)에 불과하다.

우리에게는 유골 매매가 생소할 수 있다. 하지만 수백 달러만 주면 사람 뼈 표본을 손쉽게 살 수 있는 나라도 있다. 이런 표본은 대부분 매매가 허가되지 않은 유골이다. 인도에서는 종교적·사회적인 이유로 시체를 갠지스강 같은 곳에 흘려보내 그대로 부패하도록 놔두는 경우가 많다. 하지만 가족들이 시체를 물에 흘려보냈다고 해서 그것이 다른 용도로 아무렇게나 쓰여도 된다는 뜻일까? 과학 지식을 얻는 것이 정말 죽은 사람을 존중하고 그의 존엄을 지켜주는 것보다 훨씬 더 중요할까? 현재 법률은 매매한 인체 유해와 장기를 이식 용도로 쓰는 것만 금지할 뿐 판매 자체가 불법이라고 명시하지는 않는다.

117

시체나 인체 표본을 적나라하게 보여줌으로써 대중에게 해부학 지식을 알려주는 전시회가 종종 열린다. '인체의 신비전 BODIES: The Exhibition'은 이런 전시회의 시조 격이다. 주최 측은 전시된 시체가 모두 유럽과 미국에서 자발적으로 기증된 것이라 강조했다. 하지만 이를 증명하기 위한 서류는 공개되지 않았다. 이 전시회의 주최자인 독일 의사 군터 폰 하겐스Gunther von Hagens 박사는 "저는 그 어떤 정치범이나 정신질환자, 혹은 무연고자의 시체도 전시회를 위한 인체 표본 제작에 쓴 적이 없습니다!"라고 몇 번이나 강조했다. 하지만 중국의 한 의과대학에서 그에게 무연고자의 시신을 제공했으며, 그가 자신이 발명한 합성수지화 기술로 인체 표본을 만든 뒤 현지 대학에 시신을 되팔았다는 증거가 나왔다.

소비에트 연방이 해체하기 전, 하겐스 박사가 그곳에서 시신을 불법적으로 구입했다는 기록도 남아 있다. 2001년, 러시아의 세관 공무원들은 56구의 인체 표본과 100개가 넘는 뇌 표본을 손에 넣었는데 이 표본들의 목적지가 바로 하겐스 박사가 있는 독일의 실험실이었다고 한다. 이 표본들의 출처는 러시아의 한 법의학자로 밝혀졌는데 당시 그 법의학자는 이미 노숙자나 범인, 환자의 시체를 판매한 죄로 검찰에 기소당한 상태였다. 2006년, 중국 당국은 의학 연구 용도 외의 시신 수출을 엄격히 금지했다. 그럼에도 하겐스 박사의 전시회 주최 측은 모

118

든 시신이 '교육과 공개 전시회 용도'라는 정식 서류가 있다고 말했다. 이 전시회가 영국에서 열리자 인도주의를 제창하는 한 조직은 전시품들이 모두 중국에서 정치범으로 판결받아 목숨을 잃은 사람들의 시신이라고 주장했다. 훗날 한 법의학자가 그 전시품들을 연구했고, 시신에는 학대를 받은 흔적이 없다는 결론을 내놓았다. 하지만 아이러니하게도 하겐스 박사가 정식 서류가 있다고 주장한 중국 시신들 가운데 7구 이상은 그의 실험실에 도착한 뒤 머리에 총알을 맞은 자국이 발견되어 중국으로 '반환'되었다고 한다.

여러 잡음이 생기면서 이 시신들이 전시 용도로 써도 좋다는 동의를 받았는지 서류로 증명하라는 목소리들이 있었지만, 전시회 주관사는 이런저런 핑계를 대며 서류를 내놓지 않았다. 그러자 미국에서 전시회를 유치한 업체가 제삼자를 초청해 시신들의 사망 증명서와 동의서를 검증해달라고 했다. 시신을 기증한 사람과 가족의 뜻을 존중했음을 밝히기 위해서였다. 어떤 용도로 써도 좋다며 시신을 기증했다면 이는 사심 없는 헌신이라고 할 수 있다. 하지만 동의 없이 시신이 이용된 것이라면 윤리적 문제들에 부딪히게 된다. 전시회의 목적이 대중에게 인체의 구조를 알리고 인체의 신비를 이해시켜 죽음을 마주할 수 있게 하는 것이라면 인체 표본을 연구하고 전시하는 일을 어떻게 볼 것인가 하는 문제부터 해결해야 한다.

미국의 원주민들은 오랜 투쟁 끝에 1990년 미국 정부로부터 법적 절차에 따라 선조들의 유골과 장례용품, 관련 유물 등을 자치구로 옮겨 올 수 있다는 허가를 받았다. 2017년까지 총 5만 7천 건이 넘는 유골과 1백만 건이 넘는 부장품이 후손에게 돌아갔다. 박물관 소장품실에서 일했던 한 전문가는 관람을 왔던 미국 원주민들이 직원에게 전시실의 전등을 꺼달라고 했다는 글을 쓴 바 있다. 당시 원주민들과 함께 왔던 장로는 세이지(남부 유럽과 미국이 원산지 및 분포지이며 예로부터 만병통치약으로 알려진 약용식물이다—옮긴이) 한 다발을 태우며 달콤한 향이 나는 연기로 공기를 정화하고 노래를 불렀다. 장로는 이후에 조상들이 타향에 있는 것을 여전히 기억하고 관심을 기울이고 있음을 알릴 책임이 있다고 말했다. 이런 소장품들은 단순한 뼈가 아니다. 관련 민족과 지역에게 그 뼈는 조상이자 가족이었던 사람들이다. 그들이 세상을 떠났다고 해도 잊히지는 않는다.

다른 나라에 있는 유해를 본래 땅으로 돌려보내는 것은 최근 몇 년 사이 인류학계에서도 중요한 화두였다. 미국의 원주민들은 그들도 과학을 반대하지 않는다고 말한 바 있다. 다만, 동의도 받지 않은 채 과학이라는 이름으로 조상들의 시체를 훔쳐 자신들의 문화를 멸시하는 행태에 불만을 품은 것이었다. 세계 각지에는 여러 원주민 문화의 전시품과 유골이 소장되어 있다. 하지만 원주민의 문화는 그 자체로 존중받지 못하고 억압받았으며 비인도적인 것으로 치부되곤 했다. 침략자들은 새로운 땅에 도달했을 때 눈앞의 새로운 발견을 전부 '원시'의 증거로 여기며 원주민들을 '고대의 인류'라 칭하기도 했다.

뼈는 다양한 문화의 종족들에게 느끼고 행동하며 기억

을 불러일으키도록 만드는 중요한 상징물이다. 뼈는 각기 다른 방식으로 사람들에게 나름의 영향력을 행사한다. 개인의 유골도 마찬가지다. 뼈는 매우 독특한 매개체로써 한 사람의 일생을 확장한다. 뼈는 늘 우리에게 삶을 생각하게 만드는 존재였다. 종교와 철학에서도 뼈를 통해 죽음 뒤에 무엇이 있을지를 생각해왔다.

나는 시체를 전시하거나 교육 용도로 사용하는 것에 반대하지 않는다. 오히려 교육을 위한 좋은 수단이라고 생각한다. 다만, 그 뼈들이 허가를 받았는지 전시 경로는 적법한지 등의 문제는 반드시 확인되어야 한다. 개인의 욕심을 채우려는 이윤 창출의 시장 논리로 유골에 접근하여 그들이 사람으로서 존중받지 못한 것은 아닌지도 질문해봐야 한다. 우리가 기억해야 하는 대원칙은 유골도 한때 누군가의 가족이었으며 무엇보다 '사람'이었다는 사실이다. 뼈는 살아 있는 사람처럼 존엄하게 대우받아 마땅하다.

사람이　사람을

먹는다는 것

내가 알기로 그 나라는 결코 야만적이지 않으며, 그곳 사람들 역시 미개하지 않다. 사람들 각자가 자신에게 익숙하지 않은 행위를 '야만'이라고 부를 뿐이다. 우리에게는 우리가 사는 나라의 관점과 관습의 패턴 외에는 진리와 이성을 가늠할 다른 방법이 없었기 때문이다.

-「식인종에 관하여」, 미셸 몽테뉴

　식인食人이라는 주제는 영화《양들의 침묵》과 등장인물인 살인마 의사 한니발 렉터를 떠오르게 한다. 식인에 대해 깊은 대화를 나누다 보면 사람들은 사람 고기는 어떤 맛인지 식감은 어떤지 등을 궁금해한다. 지금까지는 이에 대해 명확한 답을 해줄 수 있는 사람이 없었다. 하지만 여기 '사람(고기)을 먹는

뼈의 방

것'에 대해 확실히 말해줄 수 있는 사람이 있다.

2016년 7월 10일, 샤이니라는 사람은 가장 친한 친구 10명을 초대해 매우 특별한 점심 식사를 즐겼다. 식탁에는 다양한 요리가 차려졌고 갖가지 과일과 과자 등의 디저트 그리고 레모네이드 같은 음료가 곁들여졌다. 메인 요리는 파히타(구운 쇠고기나 닭고기 등을 채소와 함께 토르티야에 싸서 먹는 멕시코 요리 —옮긴이)였다. 이 요리의 특별한 점은 바로 샤이니의 몸 일부를 재료로 썼다는 것이다. 사실 샤이니는 뜻밖의 교통사고로 다리 한쪽을 영원히 쓸 수 없게 되어 그 부위를 절단했다. 의사가 수술을 권했을 때 샤이니는 수술이 끝나면 잘라낸 다리를 자신에게 달라고 부탁했다.

미국에는 인육을 먹는 것을 금지하는 법률이 따로 없다. 총 50개 주 중에서 아이다호주만 식인 행위를 직접 규정하고 있다. 하지만 살인, 인육의 매매, 시체 처리 등에 관한 법률이 있기 때문에 인육을 먹기란 쉽지 않다. 샤이니의 일화는 매우 희귀한 경우다. 그가 사는 주에서는 식인을 불법으로 규정하지 않았고, 샤이니는 과감하게 인육을 조리해서 먹는 과정을 전부 사진으로 남겨 인터넷에 올렸다.

뼈에 남은 상처들

시체나 뼈에 먹힌 흔적이 있는지를 판단할 때는 극도로 신중해야 한다. 식인 흔적이 있는지 판단하기 전에 우선 상처가 언제 생긴 것인지를 알아봐야 한다. 상처의 흔적은 보통 세 가지로 나뉜다. 살아 있을 때 생긴 상처가 아니라면 사망 당시, 혹은 사후에 생겼을 가능성이 크다. 시체는 유골만 남은 채로 발견될 확률이 높은데, 이때 유골이 놓여 있던 장소가 매우 중요하다.

유골이 있던 위치를 연구하는 분야를 통틀어 '화석생성학taphonomy'이라고 한다. 전통적인 화석생성학은 생물이 죽은 뒤 어떻게 화석으로 변해가는지를 연구하는 학문이다. 법의학에서는 이를 '법의화석생성학forensic taphonomy'이라고 한다. 법의화석생성학은 사람이 죽은 뒤의 환경적 요소나 시체에 생긴 변화를 연구하는 학문으로 흙, 식물, 곤충, 동물 연구가 여기에 포함된다. 시체를 매장하거나 다른 방식으로 처리하는 사람은 주변의 환경을 크게 신경 쓰지 않는다. 하지만 조사하는 사람에게는 시체가 묻힌 곳의 환경, 흙의 색깔과 종류까지 모두 중요한 단서가 될 수 있다.

뼈에 칼자국이 나타나는 경우가 종종 있다. 시체를 토막내는 이유는 크게 세 가지다. 첫째, 시체를 특정한 곳에 넣어 숨겨야 할 때 머리와 손발 등을 잘라낸다. 둘째는 경찰이 지문을 확인하는 것을 막기 위해 손끝의 피부를 제거하는 경우다. 마지막으로는 심리적·감정적 필요에 따라 시체를 훼손하는 경우다. 이때 사용하는 도구는 대체로 톱, 전기톱, 도끼, 칼 등이다. 상처를 분석하면 대부분 도구의 종류나 절단 방향을 알아낼 수 있다. 연구자들은 손으로 칼을 들어 내리쳤는지 주저한 흔적이 있

124

는지 등 절단 방식도 조사한다.

　가끔은 뼈에서 어딘가에 물린 흔적이 발견되기도 하는데, 이는 주변에 동물이 있다는 뜻이다. 크기는 제각각이지만 동물들은 저마다 뼈에 흔적을 남긴다. 시체의 손발을 가볍게 문 자국부터 있는 힘껏 갈비뼈를 문 자국까지 발견된다. 육식성 동물의 이빨은 무척 날카로워 물린 사람의 뼈에는 송곳니 구멍이 여러 개 남는다. 큰 동물이 먹잇감을 억세게 잡으면 시체의 뼈가 부러지기도 한다. 반면에, 초식성 동물들은 건조하고 오래된 뼈를 좋아한다. 자신들에게 필요한 광물질을 섭취할 수 있기 때문이다.

사람의 피와 뼈로 만든 약

다시 샤이니의 이야기로 돌아가자. 샤이니는 인터뷰에서 처음부터 자신의 아랫다리를 먹을 생각이 있었던 것은 아니라고 말했다. 원래는 못 쓰게 된 다리를 보관해두려고만 했으나 표본으로 만들려니 비용이 너무 많이 들 것 같았다고 했다. 차라리 아랫다리를 3D 모형으로 떠서 열쇠고리를 만들면 어떨까도 생각했지만 막상 병원에서 잘린 다리를 가져오니 역겨운 느낌이 들었다고 말하기도 했다. 또 아랫다리를 깨끗이 씻어내자 근육이 드러난 모습을 보았다고 한다.

　그는 더 생각하지 않고 다리를 잘라 냉장고에 넣은 다음

친한 요리사 친구에게 부탁해 아랫다리 살로 파히타를 만들어 달라고 했다. 당시 샤이니가 대접한 파히타를 먹은 사람들은 인육이 조금 질긴 소고기 맛 같다고 평가했다.

샤이니의 경험담은 우리에게 식인이 대체 무엇인가를 다시금 생각하게 한다. 식인은 정말 수치스러운 일인가? 식인이라고 하면 우리는 보통 '미개함'을 떠올린다. 하지만 그것이 전부일까? 이런 행위가 도덕적인지 아닌지는 누가 또 정의한단 말인가?

옛날 사람들은 시체에 신비로운 힘이 깃들어 있다고 여겼다. 그래서 약을 처방할 때 사람의 신체 일부를 첨가하는 일이 잦았다. 몸에 붙어 있는 살을 베어내서 약을 만들었다는 이야기도 꽤 많다. 유럽 역사에서 식인 사례는 수백 년 전부터 존재했으며, 식인을 한 사람도 왕족에서부터 평범한 백성에 이르기까지 다양했다. 르네상스 말기에도 독일, 영국, 이탈리아, 프랑스에서 식인 행위가 있었다는 기록이 남아 있다. 그들은 사람의 피를 마셨고 사람의 지방을 떼어내 자기 몸에 발랐으며 사람 고기와 뼈로 특정 의식을 치렀다.

고대 로마의 전사들은 피를 마시는 풍습이 있었다. 르네상스 시기에 이르러서는 피가 건강을 증진시키는 음료라는 의식이 더 확고해졌다. 피는 죽은 지 얼마 안 된 시체에서 채취하기도 했고 산 사람의 몸에서 뽑아내기도 했다. 이것이 흡혈귀의 기원이라는 설이 있다. 흡혈은 이렇게 의학의 외피를 썼고, 이는 15세기 이탈리아 사제와 학자들의 "젊어지기 위해서는 반드시 젊은 사람의 피를 마셔야 한다"라는 주장에 힘을 실어주었다. 16세기에는 증류한 사람의 피로 온갖 병을 치료할 수 있으며 다만 소량을 복용해야 한다고 주장한 사제도 있었다. 죽은 사람의 신선하고 따뜻한 피를 마시면 간질을 고칠 수 있고, 응고하여 갈아 만든 분말은 지혈에 도움이 된다는 생각은 1650년까지도 보편적이었다. 1679년에는 피를 마시는 사람들의 편의를 위해 사람 피로 만든 잼과 요리책까지 등장했다.

사람의 뼈는 치료 효과가 뛰어나다고 알려진 '상품'으로 여겨졌다. 17세기 영국 의사 존 프렌치John French는 두 종류 이상의 두개골을 증류해 만든 술을 내놓았다. 그는 이 술이 통풍과 현기증 등을 치료할 수 있으며 간질이나 심장병에도 효과가 있다고 주장했다. 영국 왕 찰스 2세는 자신의 실험실에서 두개골을 증류한 다음 분말로 만들어 이를 '왕의 물방울The King's drop'이라 이름 붙였고, 술이나 초콜릿에 섞어 먹어야 한다고 말했다. 당시 왕실 사람들은 이것을 신비의 명약으로 여겨 코피가 흐를 때 코에 넣으면 피를 멈출 수 있다고 믿었다. 청나라 말 중화민국 초기, 베이징의 약방에서는 용골龍骨이라는 약재를 팔았다. 이것을 갈아서 물에 타 마시면 온갖 병을 치료할 수 있다는 이야기가 전해져 내려온다. 훗날 중국에서 연구하던 서양 과학자가 우연히 용골이 고대인의 화석 중 하나라는 사실을 발견하게 되었다.

비문명적으로 들릴 수도 있겠지만 뼈를 약에 넣는 일은 종종 있었다. 두개골은 편두통이나 현기증 등을 완화하는 데 도움이 된다고 믿었기 때문이다. 가장 황당한 것은 환자나 의사 모두 여기에 쓰이는 약재의 원료 즉, 뼈가 폭력적이고 잔인하게 죽은 사람의 것일수록 효과가 좋다고 믿었다는 사실이다. 이 역시도 크게는 식인의 범주에 포함된다.

사람의 지방도 약으로서 가치가 높았다. 사람들은 통풍에 걸리면 관절에다 지방을 발랐다. 또한 지방을 섭취하면 출혈을 치료하고 산어(치료법의 하나로 어혈을 없애고 부기를 가라앉힌다—옮긴이)에 도움이 된다고 생각했다. 중국에서도 마찬가지로 지방을 어혈에 바르면 산어의 효능이 있다고 믿었다. 영국과 프랑스 국왕의 주치의는 아편, 독미나리, 사람의 지방을 섞어 만든 진통제를 사용했다. 1964년까지도 파리의 약국에서는 사람의 지방으로 만든 약을 살 수 있었다. 이런 행동의 목적은 오직 하나, 질병 치료였다.

문명과 야만의 기준

유럽에서 의학의 이름으로 성행했던 식인과 흡혈 문화는 대항해 시대 이후 신세계New World를 발견하면서 새롭게 정의되었다. 1634년, 영국의 주교 조셉 홀Joseph Hall은 튀르크 사람들을 사람의 고기와 피를 먹는 미개한 자들이라고 질책했다. 식인 행위는 이때부터 금기시되어 점차 사라졌다. 선량한 기독교인은 넘보면 안 되는 '금단의 영역'이 된 것이다. 식민주의자들은 인성을 논하는 문제에서부터 현지 식인 문화의 비문명성 문제에까지 이 주장을 널리 인용했다. 심지어는 토착민들을 '교육' 해야 할 필요성이나 노예제 지지의 논거로 사용하기도 했다.

유럽과 서양 국가에서 가장 논란이 되었던 것은 16세기에 식민화했던 브라질의 문화였다. 문화인류학자 베스 콘클린Beth Conklin은 브라질 와리 마을의 식인 장례 풍습을 묘사한 바 있다. 와리 마을의 장례는 집집에서 모은 나무를 장작으로 삼아 깃털로 장식하는 단체 행사다. 막 태어난 아기를 포함하여 와리 마을의 아이들은 죽은 사람의 고기를 끓여 만든 국을 한 그릇씩 먹는다고 한다. 이 국에는 옛것이 새로운 것으로 바뀌며 옛것은 언제나 미래의 일부가 된다는 의미가 담겨 있다. 페루나 베네수엘라의 마을에서도 장례 풍속 중에 식인 의식이 있어 한 번 장례가 시작되면 며칠씩 이어진다고 한다. 같은 시기의 미국 원주민들에게도 먼저 떠나간 사람을 애도하는 식인 풍습이 있었다. 이 문화도 다른 의식과 마찬가지로 사회적·상징적 의미를 담고 있었다.

와리 마을 사람들에게도 인육을 먹는 것은 불편한 일이다. 그래서 사람 고기를 몇 입 씹은 뒤 뱉어내고 남은 고기를 다시 씹는다. 이것은 그들이 죽은 사람과 그 가족에 대한 존중을 보이는 방식이다. 그들에게는 죽은 사람을 바로 땅에 묻는 행위가 우리가 식인 의식을 보며 느끼는 것만큼이나 무서운 일일 수 있다. 와리 마을에서는 죽은 사람의 고기를 다 먹고 난 뒤에 뼈를 불에 태워 없앤다. 시체 전체를 사라지게 하는 것이 위로를 뜻하기 때문이다. 죽은 사람의 몸이 완전히 사라지고 나면 마을 사람들은 유가족을 더 많이 보살펴줄 수 있게 된다.

개중에는 전쟁 포로를 종교 의식에 제물로 바치고 인육을 먹는 호전적인 마을도 있다. 의식은 보통 몇 개월에 걸쳐 계속되며 적의 머리를 수집해 전쟁 기념품으로 삼거나 무덤에서 사람 뼈(보통은 두개골)를 훔쳐내는 것도 이 의식에 포함된다. 이런 행동이 과거의 일이라고 속단하면 안 된다. 요즘에도 이런 일을 벌이는 유학생들이 종종 있기 때문이다. 합법적인 경로로 두개골을 손에 넣는 학생도 있지만 학교 박물관이나 무덤에서 훔치는 학생들도 있다.

중국의 식인 풍습을 연구한 전문가 키 레이 청Key Ray Chong은 『중국 식인의 역사Cannibalism in China』라는 책에서 식인을 두 종류로 나누어 기술했다. 하나는 '생존용 식인'으로 보통 나라에 기근이 들 때 나타난다. 다른 하나는 '학습된 식인'으로 사회 혹은 풍습에서 학습된 식인을 가리킨다. 작가는 식인주의가 대중과 문화에 의해 통제된다고 지적하며 이를 일컬어 '문화적 식인'이라고 칭했다.

20세기 초, 중국의 기근과 식인 행위는 이 시기 문화의 화제였다. 이러한 비극은 최근까지도 철저히 비밀에 부쳐져 있었다. 키 레이 청의 대략적인 통계에 따르면 중국 역사에서 전쟁과 관련된 식인 사례는 153건, 천재지변과 관련된 식인 사례는 177건 있었다고 한다. 하지만 이 사례들은 마오쩌둥 시대에 훨씬 못 미치는 수준이다. 마오쩌둥이 중국을 통치하던 시기에 기근으로 죽은 사람의 수는 3천만 명 이상이다. 그들 대부분은 중국에서 가난하고 외진 곳에 살던 사람들이었다. 2008년에 발표된 한 학술 문헌에 따르면 기근에 시달리던 사람들은 주린 배를 채우기 위해 나무줄기나 풀은 물론이고 새의 배설물이나 시체의 살을 베어내 먹기도 했다고 한다. 그들이 먹은 사람 고기는 가족의 시체였을 가능성이 크다. 홍콩《사우스 차이나 모닝 포스트》의 대표를 역임했던 제스퍼 베커Jasper Becker는 자신이 지난 수십 년 동안 중국에서 만나본 50세 이상의 사람들은 다음과 같은 이야기를 들려주었다고 했다. 심한 기근이 들었을 때 밤마다 무덤을 찾아 시체의 살을 벤 뒤 진흙에 숨겨 가족과 몰래 먹은 경험이 있다고 말이다.

유럽에서는 아는 사람이나 가족이 아니라 사회에서 부 131정당한 사람들, 예를 들어 사형을 선고받은 범인이나 가난한 사람, 연고자가 없는 시체들을 식인의 대상으로 삼았다. 17세기 영국인들은 전쟁터에서 베어낸 아일랜드인의 머리를 독일에 수출했다. 독일의 약국에서는 이것들을 사다가 약을 지어서 팔았다. 당시 영국에는 아일랜드 사람을 열등하다고 여기는 사회적 분위기가 있었던 것으로 보인다. 학자들은 약물로 쓰인 시체들은 기괴하다거나 다른 종, 혹은 타자他者로 여겨졌던 사람들이었다고 지적했다. 유럽인들은 모르는 사람을 먹었고 원주민들은 친구를 먹었다. 겨우 이런 차이를 두고 사람들은 누군가를 '야만인'이라고 규정한 것이다.

결국은 살기 위해 한 일이다

1846년 봄, 약 90명의 사람들이 미국 일리노이주의 스프링필드에서 서부를 향해 출발했다. 그들은 미국 서부로 이주하려는 제이콥 도너Jacob Donner와 조지 도너George Donner 형제를 따라나선 도너 파티The Donner Party였다.[•]

본래 그들은 잘 알려진 노선으로 캘리포니아에 갈 작정이었다. 하지만 길을 안내하던 랜스포드 헤이스팅스Lansford Hastings가 새롭게 개척된 길로 가면 거리를 단축할 수 있다고 주장했다. 하지만 그 노선은 헤이스팅스 자신도 처음 가는 길이었고, 결국 그 일이 화근이 되었다. 그때까지만 해도 도너 형제 및 그들과 함께 간 사람들 그리고 헤이스팅스는 자신들이 시에라 네바다산맥에 갇혀 겨울을 보내리라곤 미처 생각지 못했다. 당시 서부로 가는 여정은 보통 6개월 정도가 걸렸는데, 그들이 택한 새로운 길은 유타주를 넘어 중도에 그레이트솔트레이크 사막을 지나는 경로였다. 그들이 네바다주에 이르렀을 때는 여정을 떠날 때 데려온 소를 이미 잡아먹은 뒤였다.

● 서부 개척 시대에는 이미 포화 상태였던 동부에서 서부의 캘리포니아로 이주하는 사람들이 많았다. 도너 형제도 그 때문에 서부로 이주하려 했고, 그들을 따라나선 사람들을 도너 파티라고 부른다.―옮긴이

11월이 되어서야 천신만고 끝에 도너 일행은 마지막 관문인 시에라네바다산맥에 이를 수 있었다. 하지만 파인애플 익스프레스[**]라는 기후 현상으로 산길은 6.6미터의 거대한 눈보라에 막혔고, 그들은 지금의 도너 호수Donner Lake에 발이 묶이고 말았다. 쉬지 않고 몇 개월 동안 행군하다 보니 사람들은 지칠 대로 지쳐버렸다. 부츠를 신은 사람들이 근처에서 민가를 찾아 먹을 것을 구하려 했지만 배고픔과 저체온증으로 일행의 걸음은 더뎌질 수밖에 없었다.

산에 갇힌 지 8일이 되었을 때 일행 중에 패트릭 돌런Patrick Dolan이라는 사람이 제비뽑기로 다른 사람들의 식량이 될 사람을 뽑자고 제안했다. 정작 제비뽑기에 당첨된 사람은 패트릭 자신이었다. 하지만 사람들은 그를 죽이지 않았다. 며칠 뒤 패트릭을 비롯한 몇몇 사람들은 추위와 배고픔을 이기지 못하고 세상을 떠났다. 미국 원주민 두 명을 제외한 나머지 사람들은 그 시체들로 영양을 보충하고 체력을 회복했다. 그들은 행여나 자신의 가족이나 친척을 먹게 될까 봐 먹을 대상과 장소를

133

●● 미국 뉴스 보도에서 사용하는 기상 현상의 속칭. 매년 발생하는 대규모의 '매든-줄리안 진동'으로 하와이 부근에서 따뜻하고 습한 기류가 강하게 일어나 미국 서해안 지역에 많은 양의 폭풍우를 뿌리는 현상을 일컫는다. 심할 경우 홍수 범람이나 흙모래, 돌 따위가 섞인 물 사태 등 자연재해가 일어나기도 한다.

따로 지정했다. 그렇게 호수에 발이 묶인 지 14일째 되던 날 도너 일행은 다시 출발할 수 있었다.

1847년 1월, 식량 부족 위기가 다시 찾아왔다. 길잡이로 왔던 원주민 2명은 금세 다른 사람들의 표적이 되었다. 이를 눈치챈 원주민들은 야밤을 틈타 도망가버렸다. 오랫동안 길을 걸어온 탓에 신고 있던 신발이 떨어졌고 발에서는 피가 흘렀으며 피부도 벗겨졌다. 게다가 따뜻한 옷이 없어 저체온증에 시달리는 사람도 많았다. 이런 상황에서 식량마저 바닥나자 사람들은 다시 자원해서 식량이 될 사람을 찾았다. 어머니 두 명은 아이들을 돌봐야 했기에 대상에서 제외되었다. 어려운 결정을 내린 뒤, 윌리엄 포스터William Foster 는 우연히 도망쳤던 원주민 두 명과 마주쳤고 그 자리에서 그들을 사살했다. 최후의 '식량' 덕에 그들은 한 마을에 도착할 수 있었다. 마을 주민들은 신선한 먹을거리를 제공했고, 기운을 차린 그들은 구조를 요청했다. 도너 파티의 생존자를 찾기 위한 구조대가 속속 도착해 주변을 수색했다.

1847년 4월, 마지막 구조대가 그들이 머물던 곳을 찾아냈다. 한때 도너 파티의 일원이었던 이들의 유골과 잘려나간 신체 부위, 뇌를 먹으려고 쪼갠 두개골이 눈에 덮여 있었다. 구조대원들은 눈에 남은 발자국을 쫓아가 먹을거리를 찾고 있는 독일 이민자를 발견했다. 그는 마침 사람의 뇌와 간을 끓여 먹으려고 솥을 준비하고 있었다. 나중에 그는 사람을 잡아먹은 살인마라 불리게 되었다. 하지만 그는 목숨을 부지하기 위해 어쩔 수 없이 시체를 먹었으며 도너 파티의 다른 사람들 역시 그렇게라도 목숨을 부지해서 구조되기를 원했다고 말했다.

사람의 본성이 사고를 지배하기 시작하면 어떤 일까지 할 수 있는지, 또 얼마나 잔혹해질 수 있는지에 새삼 탄식하지 않을 수 없다. 확실한 사실은 지금 당장 식량을 가진 우리는 그들이 목숨을 부지하고자 느꼈던 절박한 마음을 쉽게 이해할 수 없다는 것이다. 운명을 다시 선택할 수만 있다면 도너 파티의 그 누구도 지름길로 가겠다는 선택을 하지 않을 것이다.

샤이니의 이야기로 돌아가자. 그는 언론 매체에서 그날의 일을 다음과 같이 묘사했다.

> 아랫다리를 잘라내고 나니 같이 있던 친구 몇 명은 농담을 건넸다. 못 쓰게 된 다리가 물건이 되었다는 생각이 들었을 뿐 감정적으로 크게 동요하지는 않았다. 한때는 나의 일부였던 다리가 조각났음에도 불편한 느낌이 들지 않았다. 다리를 잘라내고 그 다리를 요리해서 먹는 과정 전체가 괴상하다고 느껴지긴 했지만, 이상하게도 안심이 되었다.

병원에서 다리를 절단하는 수술을 받은 뒤 그는 우울해졌으며 인생의 방향을 잃었다고 느꼈다. 수술하기 전만 해도 그는 미국의 잘나가는 중산층 백인이었다. 살면서 많은 것들을 쉽게 손에 넣었고 주위 사람들에게 감사하거나 자신의 생명을 소중히 여길 줄도 몰랐다. 하지만 그는 다리를 절단한 뒤에야 곁

의 친구들이 얼마나 소중한지 깨달았으며 그로 인해 마음가짐
도 달라졌다고 했다. 그는 감사하는 마음도 갖게 되었다. 오랫
동안 자신의 생명과 생활에 도움을 준 다리가 아니던가. 이런
마음가짐 덕에 행복해졌다고 한다. 자신의 잘린 다리를 두고 농
담하는 것도 별난 일처럼 느껴지지 않았다. 죽음과 같은 불안과
불명확한 일을 직시하는 것이야말로 두려움을 극복할 수 있는
가장 좋은 방법일지도 모른다.

3장

과학의 이름으로   강요당한

사람은 얼마나 오래 사는 걸까? 사람은 서로 다른 시간만큼 산다.

－<이렇게 많은 서로 다른 시간>, 브라이언 패튼

1761년 아일랜드에서 태어난 찰스 번 Charles Byrne은 뇌하수체의 양성 종양 때문에 성장 호르몬이 과다 분비되어 키가 231센티미터인 거인이 되었다. 그는 독특한 체형 때문에 많은 사람의 이목을 끌었다. 돈을 내고 그를 보러 찾아오는 사람도 많았다. 여왕이나 귀족들까지도 앞다투어 그를 만나러 왔다. 찰스는 신체적 특징 덕에 꽤 많은 돈을 벌며 살 수 있었다. 그는 사교계에서도 활발히 활동했다. 술을 좋아해 건강을 해치기도 했지만, 나름 괜찮은 삶이었다.

그런데 1783년 누군가 찰스의 재산을 몽땅 훔쳐 도망갔고, 그는 우울증에 빠져 술을 점점 더 많이 마시게 되었다. 이로 인해 찰스는 갖가지 심각한 합병증에 시달렸다. 이 소식을 들은 과학자들과 의사들은 이 '남다른' 사람의 처지와 몸에 관심을 보였다. 그들은 찰스를 연구하고 싶어 했으며 그가 죽은 뒤에는 시신을 해부하여 전시하길 원했다. 스코틀랜드 의사 존 헌터 John Hunter 는 찰스의 재정 상황이 좋지 않다는 것을 알고는 시체 사후 기증을 조건으로 돈을 미리 주겠다는 제안까지 했다. 찰스는 그 자리에서 헌터의 제안을 거절했다. 하지만 찰스는 자신이 죽고 나면 자신의 시체가 연구나 전시에 사용될 것이라는 사실을 잘 알고 있었다. 얼마 후, 병이 깊어진 그는 친구들에게 자신이 죽으면 무거운 납으로 만든 관에 시체를 넣어 바다에 수장해 달라고 부탁했다. 시체가 도굴되지 않을 방법은 그것뿐이라고 생각했기 때문이다. 하지만 안타깝게도 그는 끝내 바다로 갈 수 없었다. 누군가 그의 유해를 훔쳤기 때문이다.

찰스는 22세가 되던 해에 폐결핵으로 세상을 떠났다. 존 헌터는 관을 옮기기로 한 업자를 500파운드에 매수하여 시체를 빼돌리고 관은 돌로 채웠다. 시체를 손에 넣는 데 성공한 헌터는 찰스의 몸에서 지방을 빼내고 표본을 만들어 자신의 박물관(현재 런던의 헌터리언 박물관)에 전시했다. 찰스의 유골 표본을 전시하기 전 헌터는 이 유골을 자신만 아는 비밀 공간에 4년이나 숨겨두기도 했다. 최근 들어 박물관이 리모델링을 하면서 휴관하게 되었는데 사람들은 이 기회를 틈타 찰스의 유골을 그의 바람대로 안장해주어야 한다고 목소리를 높였다. 또한, 연구 목적으로 사용할 찰스의 DNA와 조직은 관련 기관에서 채취한 것으로도 이미 충분하다면서 현대의 과학 기술이면 지금 보유한 조직만으로도 새로운 거인의 유골을 만들 수 있지 않으냐고 강력하게 항의했다. 찰스와 같은 병을 앓는 환자가 자신이 죽으면 박물관에 유골을 기증할 테니 찰스의 유골은 바다에 수장될 수 있게 해달라고 부탁하기도 했다. 유골의 거취는 박물관의 결정에 달려 있다.

찰스의 유골은 분명 의학적 가치가 있다. 하지만 과연 본인의 뜻을 어기는 것이 정당한 선택이었을까? 이러한 의학 윤리 문제에 절대적인 답은 없다. 하지만 죽은 사람을 대하는 태도를 보면 그 사람의 인간에 대한 가치관이 드러난다. 남들과 다른 몸을 가졌다는 이유만으로 죽은 이에 대한 존중을 잊은 사례는 찰스 번에 그치지 않는다.

죽어서까지 이용당한 환자들

훌리아 파스트라나Julia Pastrana 는 세상을 떠난 지 백 년이 훨씬 넘도록 안식을 얻지 못했다. 훌리아는 태어나면서부터 얼굴과 손, 다리, 목, 주요 부위까지도 털이 자라는 전신 다모증과 입술 및 잇몸이 두꺼워지는 잇몸 증식을 앓았다. 귀와 코는 굉장히 컸고 치아는 고르지 않게 났다. 그녀는 이런 선천성 질환 때문에 살아서도 죽어서도 사람들의 구경거리가 되었다.

그녀는 사는 동안에도 표본이나 연구 대상으로 취급되었으며 심지어는 그녀가 사람이 아니라고 주장하는 사람들도 있었다. 터무니없이 불공평하고 부당한 일들을 겪은 것이다.

훌리아는 1834년 멕시코의 작은 마을에서 태어났다. 그녀의 아버지는 야생 동물을 연구하는 학자였다. 그녀의 어머니는 아이의 다모증을 보고 훌리아가 늑대 인간으로 태어났다고 믿었다. 딸을 어떻게 대해야 좋을지 몰랐던 훌리아의 어머니는 아이가 태어난 후 2년 동안 산속 동굴에 숨겨서 키웠다.

어머니가 세상을 떠난 뒤 훌리아는 고아원으로 보내졌고, 그 뒤에는 미국의 서커스단에 팔려 갔다. 훗날 그녀는 멕시코 시날로아주 시장의 집으로 보내졌다. 그 집에 사는 동안 그녀는 춤과 노래, 연기 교육을 받았으며 영어, 프랑스어, 스페인어를 배웠다. 이는 그녀가 적절한 교육을 받게 하기 위함이 아니라 '살아 있는 표본'인 훌리아에게 '연구'를 진행한 것이었다.

20세가 되던 해에 훌리아는 고향으로 돌아가야겠다고 마음먹었다. 하지만 그 무렵 한 미국인 남자가 그녀에게 예술가로서 재능을 펼쳐보라고 제안했다. 그녀는 그동안 갈고닦은 춤과 노래 솜씨를 사람들 앞에서 발휘할 수 있게 되었다. 하지만 사람들은 그녀의 외모에 더 많은 관심을 보였다. 그녀를 '반半 인간'이나 '곰 여인'이라고 불렀으며, 뉴욕의 의사 알렉산더 모트Alexander B. Mott 박사는 훌리아가 오랑우탄과 사람이 반씩 섞였다고 주장하기도 했다.

모트 박사의 이런 주장을 부정하는 의사들도 있었지만 공연 기획자들과 관중은 그의 의견을 지지했다. 모트 박사의 주장에 훌리아의 출생에 대한 거짓말을 보태어 '그녀의 부모는 누구인가? 사람인가 동물인가?'라는 식의 자극적인 말들로 그녀가 '쇼'를 이어가게 했다.

　　그녀를 괴롭혔던 사람 중에서도 공연 기획자 시어도어 렌트Theodore Lent는 가장 악독한 인물로 꼽힌다. 렌트는 훌리아와 그녀의 이미지를 자기 멋대로 통제하며 큰돈을 벌었다. 그는 황금알을 낳는 거위인 훌리아가 도망가지 못하도록 청혼했고, 그녀도 이 청혼을 받아들였다. 1860년, 두 사람이 러시아에 머물던 때 훌리아는 남자아이를 낳았다. 그 아이도 선천적 다모증을 타고났는데, 안타깝게도 태어난 지 35시간 만에 세상을 떠났다. 훌리아 역시 아들이 죽고 5일 뒤에 눈을 감았다. 그때 모스크바대학교에서 온 소콜로프Sokolov 교수가 자신이 훌리아와 그녀의 아들을 몰래 방부 처리해주겠다고 나섰다. 미라화와 박제술을 조합한 방식이었다. 돈벌이가 될 것이라고 판단한 렌트는 이 제안을 수락했다.

　　교수는 총 6개월에 걸쳐 훌리아와 그녀의 아들을 방부 처리했고 두 모자를 똑바로 세워 자세를 잡은 뒤 모스크바대학 해부학과 앞에 그들을 전시했다. 그녀의 시체는 두 다리를 벌린 채 서서 손을 허리에 얹은 도발적인 자세를 취하고 있었다. 마치 자신의 시체와 인생에 강하게 항의하듯이 말이다.

141

렌트는 훌리아가 세상을 떠난 뒤에도 여전히 돈벌이가 된다는 사실을 깨닫고는 그녀의 표본을 런던에서 전시하기로 했다. 훌리아의 표본은 그 뒤로도 이곳저곳으로 순회 전시를 다녔다. 얼마 뒤 렌트는 훌리아와 똑같은 병을 앓고 있는 여자를 우연히 만났고, 그 여자와도 결혼했다. 렌트는 두 번째 아내를 훌리아의 여동생이라고 떠벌리고 다니며 훌리아 모자의 표본과 함께 무대에 오르게 했다.

두 사람이 나이를 먹어 은퇴한 뒤 렌트가 먼저 세상을 떠났다. 그의 두 번째 아내는 경제적인 문제로 훌리아와 아들의 표본을 노르웨이 장사꾼에게 팔았으며, 모자의 표본은 오슬로에 전시되었다. 이 장사꾼의 아들도 두 사람의 표본을 가지고 귀신의 집 같은 곳을 돌며 순회 전시를 다녔다. 제2차 세계 대전이 발발하고 나치가 득세하면서 훌리아 모자는 떠돌이 신세를 면하게 되었다. 두 사람의 표본은 1970년대에 들어서야 각각 스웨덴과 노르웨이로 보내졌다.

스웨덴과 노르웨이에서는 1973년부터 시체를 전시하거나 이를 통해 이익을 취하는 것을 법으로 금지했다. 그 때문에 훌리아 모자는 창고 안에 보관되는 신세가 되었다. 누군가 이 창고에 침입해 훌리아의 손을 부러뜨리고 아들의 표본을 들판에 버려 동물들이 먹어치우게 만들기 전까지는 말이다. 1979년에는 누군가가 다시 훌리아의 시체가 숨겨진 창고에 침입하여 그녀의 표본을 통째로 들고 도망가버렸다. 훌리아의 표본은 그로부터 시간이 지난 1990년에 오슬로의 법의학 대학에 있는 어느 환경미화원의 사물함에서 뜬금없이 발견되었다.

그때부터 훌리아의 시체를 어떻게 하면 좋을지에 대한 논쟁이 이어졌다. 2005년 당시 오슬로에 살고 있던 멕시코 예술가 로라 앤더슨 바바타Laura Anderson Barbata는 훌리아가 고향 땅에 묻힐 수 있도록 멕시코로 돌려보내라는 내용의 서명 운동을 펼쳤다. 마침내 2013년, 서명 운동과 홍보 활동에 힘입어 훌리아는 죽은 지 153년 만에 멕시코로 돌아갈 수 있었다. 훌리아의 고향 근처인 시날로아 데 레이바시에서 그녀의 장례식이 치러졌다.

그녀의 삶은 험난함의 연속이었다. 훌리아는 매우 똑똑했고 자기 몸에 대해 누구보다 잘 알고 있었다고 한다. 하지만 그녀는 다름을 인정하지 않는 사회 때문에 받지 않아도 되는 비난을 고스란히 받았다. 훌리아 시체의 거취를 놓고 여러 논의가 오갈 때 노르웨이의 한 기관에서는 그녀가 살아 있었다면 자신의 시체가 해부학 박물관 같은 곳에 소장되지 않기를 바랐을 것이라는 뜻을 밝혔다. 다행히도 훌리아는 늦게나마 한 사람으로 존중받을 수 있었다.

훌리아의 일생은 비극 그 자체였다. 훌리아는 사는 동안 자신의 재능과 뜻을 펼치지 못했고, 경제적 이유 때문에 렌트와의 결혼을 받아들여야 했다. 그녀를 거울 삼아 현대의 여성들은 자기 몸의 자주권을 지키기 위해 노력하고 있다.

143

캐나다 브리티시컬럼비아주의 한 보수당 후보자는 인터넷으로 해골을 하나 구입해서 남자 친구에게 생일 선물로 주었다. 선물이 무척 마음에 들었던 그는 사진을 찍어 페이스북에 올렸다.

그는 해골이 18세기의 것이라는 사실만 알 뿐 어디에서 왔는지는 모른다고 했다. 그러자 해골 사진을 본 원주민 사회봉사 협회Prince Rupert Aboriginal Community Services Society의 상임 이사 프린스 루퍼트는 이런 선물을 받거나 관련된 물건을 접하면 뼈의 출처와 중개인을 찾고 원래의 주인에게 돌려줘야 할지를 결정해야 한다고 주장했다. 무엇보다도 그 해골이 캐나다 원주민의 것은 아닌지를 가장 걱정했다. 얼마 뒤 보수당 후보자는 전화 인터뷰를 통해 해골을 조사한 결과 원주민의 뼈는 아닌 것으로 밝혀졌다며 서류로 출처를 증명할 수 있다고 말했다. 더불어 그녀는 자신의 남자 친구가 오랫동안 진짜 사람의 해골을 갖고 싶어 했다며 두 사람 모두 타투이스트라 자신들의 작업에도 큰 도움이 된다고 강조했다.

사람의 유골을 신중하게 다루어야 하는 만큼 유골의 반환 계획도 조심스럽게 이루어져야 한다. 유골은 일반적인 박물관 전시품과 다르기 때문이다. 앞에서도 언급했지만 미국 원주민들도 여러 해 투쟁한 끝에 1990년이 되어서야 미국 정부로부터 선조들의 유골과 장례용품, 관련 유물 등을 원주민 자치구로 옮겨 올 수 있다는 허가를 받았다. 다른 나라에 전시된 문물을 원래 있어야 할 곳으로 돌려주는 일은 미국과 원주민들만의 문제가 아니다.

오늘날에도 사람의 유골을 사고파는 것은 그리 어려운 일이 아니다. 그래서인지 유골 관리에 신중하지 못한 경우가 종종 발생한다. 어느 시대의 산물이든 어디에서 왔든 유골은 항상 존중하는 마음으로 대해야 한다. 그 유골은 언젠가 살아 있었던 사람이니 말이다.

죽음 앞에서 마주한 윤리적 문제들

죽음은 단순히 육신의 작동이 멈추는 일이 아니다. 죽음에 대해 고려해야 할 요소들은 생각보다 훨씬 복잡하게 얽혀있다. 일본의 유명 작가 히가시노 게이고는 소설 『인어가 잠든 집』(재인 역간)에서 죽음의 다층적인 의미를 다루었다. 등장인물인 엄마 가오루코는 딸 미즈호의 죽음을 받아들이지 못한다. 그냥 보기에 뇌사 진단을 받은 미즈호의 모습은 자는 것과 다르지 않기 때문이다. 가오루코는 죽음의 정의가 야박하다고 생각하게 된다. 소설에서는 일본에서 뇌사를 판단하는 방식에 대해서도 언급한다.

과학과 법률에서는 죽음을 다르게 정의한다. 죽음에 대한 철학적 정의는 논증이 훨씬 복잡하다. 오랜 역사를 거치며 죽음에 대한 정의는 끊임없이 새롭게 숙고되고 있는 걸까? 과

연 이스탄불 선언* 이후로 전 세계의 장기 기증은 온전히 자발적으로 이루어지고 있을까? 장기 암시장 거래는 줄어들었을까? 타인으로부터 뇌사 판정을 받고 싶어 하지 않는 가족에게 눈앞에 누워 있는 딸은 산 사람일까 시체일까? 소설 속의 엄마가 딸이 여전히 살아 있다고 고집하는 것은 잘못일까? 엄마의 행동에 대해 이렇다 할 평가를 내리지 않는 아빠에게는 책임이 없을까? 미즈호와 함께 수영장에 갔던 외할머니와 이모가 간호를 돕는 것이 죄책감 때문이라면 가오루코가 이들의 행동을 지켜보기만 하는 것이 그들에게는 속죄일까? 앞에서는 돕는 척하지만 속으로는 불만을 품은 가족들이 줄곧 사건에서 한 발자국 떨어져 있기로 선택한 것은 책임감 없는 행동이 아닐까?

『인어가 잠든 집』은 일련의 윤리 문제, 특히 의료 윤리에 많은 부분을 할애하며 우리가 고민해볼 만한 다른 문제들도 함께 언급한다.

어른과 이해하는 방식이 다를 뿐 어린아이들 역시 죽음

---

* 2008년 장기 이식 학회에서 발표한 이스탄불 선언은 장기 이식의 준칙으로 여겨지고 있다. 이 선언은 의학 윤리를 위반하는 의료 행위를 금지하고 처벌하며 죽은 사람 혹은 산 사람에게서 장기를 적출하여 이식하는 행위가 국제 기준에 부합하도록 각국에서 법률로 규정해야 한다고 주장했다. 또한, 장기 매매와 장기 이식 원정은 공평과 정의를 위반하며 인간 존중의 존엄한 원칙을 어긴 것으로 반드시 금지되어야 한다고 주장했다.

을 잘 이해하고 있다. 나는 이 점에 대해 줄곧 확신이 있었다. 언젠가 병원에서 갑자기 가족을 잃은 아이들을 만나 자원봉사를 한 적이 있다. 그때 나는 어째서 가족이 더 이상 함께 잘 수 없는지, 왜 가족이 갑자기 보이지 않게 된 건지 아이들이 꼭 알아야 한다는 사실을 깨달았다.

아이에게 죽음에 대해 말하는 것과 법의인류학자들이 죽은 이의 가족에게 답을 주는 방식은 별반 다르지 않다. 사람은 누구나 믿을 수 있어야 현실을 받아들일 수 있는 법이다.

아무리 서운하다 해도 곁에 있는 사람이 언젠가 떠날 수 있다는 사실을 반드시 인정해야 한다. 물론 쉬운 일은 아니다. 하지만 나는 손을 놓을 때가 온다는 것을 알아야 서로에게 유익하다고 여겨왔다. 과학에서 에너지는 저절로 만들어지거나 소멸하지 않으며 다른 에너지로 전환될 뿐이라고 한다. 장기 기증도 세상을 떠나는 것도 마찬가지다. 물론 무엇이 적합하고 무엇이 합당한지는 다른 문제다. 철학에서 '반드시 해야 할 것'과 '응당 해야 하는 것'이 다른 일인 것처럼 말이다.

가족 간의 정이나 감정과 관련된 일을 맞닥뜨리는 경우에는 이성과 감정의 고된 힘겨루기가 펼쳐지게 마련이다. 그럴 때 옳고 그름의 문제는 온전히 개인의 선택이 되고 만다. 행복은 여러 정의가 가능하기 때문이다. 그래서 지독히 고집하던 일을 문득 툭 내려놓기도 하는 것이다. 죽음은 과정이다. 그 과정에서 내려놓는 것만이 유일한 답이라고 할 수는 없다. 우리는 종착점에 닿을 때까지 걷고 또 걸어갈 뿐이다.

147

유골을 전시하거나 연구하는 것으로 역사가 바뀔 수도 있다. 하지만 누군가에게는 이것이 무례하다고 느껴질 수 있다. 과학 발전에 기여한다는 이유로 사람에 대한 존중과 그 너머의 윤리를 포기해야 할까? 유골이나 인체 표본 전시는 사람들이 인체 구조의 오묘함을 배울 좋은 기회다. 전시회들은 하나같이 언론 매체나 문헌, 각종 조명에 소리 효과까지 동원해서 관람자들을 과거 그 시절로 돌아가게 만들려고 애쓴다. 하지만 우리가 기억해야 할 것은 전시회 관람 과정이 죽은 이와 함께하는 시간이라는 사실이다. 자신의 몸을 기꺼이 내어준 그들에게 귀 기울이고 그들의 경험과 이야기를 배우는 시간이어야 한다. 브라이언 패튼이 자신의 시 〈이렇게 많은 서로 다른 긴 시간*So Many Different Lengths Of Time*〉에서 말했듯이 우리의 마음속에는 영원히 누군가가 함께 살며 세상에 존재한다.

4장

외롭게 세상을 떠나지

1950년대 미국 B급 영화의 스타였던 이베트 비커스Yvette Vickers 는 한때 잡지 『플레이보이Playboy』의 '이달의 플레이메이트'로 뽑힐 만큼 아름다운 여성이었다. 《50피트 우먼》이라는 영화에 도 출연했던 그녀는 화려했던 명성에 비해 초라한 죽음을 맞이 했다.

2011년의 어느 날, 그녀의 이웃이었던 수잔 새비지Susan Savage는 이베트의 집 우편함에 거미줄이 잔뜩 낀 것을 발견했 다. 그 안의 우편물들도 누렇게 변한 채로 쌓여 있었다. 이베트 에게 정신적인 문제가 있다는 것을 알고 있던 수잔은 걱정이 된 나머지 집에 들어가 보기로 마음먹었다. 수잔은 집 안에 쓰레기 와 우편물, 옷이 산처럼 쌓여 있는 것을 보게 되었다. 잡동사니 들을 밀어낸 뒤에야 다락방으로 향하는 계단을 찾을 수 있었다.

어렵사리 다락방으로 올라가니 안에서는 뜨거운 열기가 뿜어져 나오고 있었다. 따뜻한 기후의 캘리포니아에서 난로를 켠다는 것은 말도 안 되는 일이었다. 더군다나 이베트를 찾아간 시점은 8월이었다. 그런데 수잔이 발견한 것은 난로 옆에 미라가 된 시체였다. 내내 얼굴을 볼 수 없었던 이베트가 죽어 있었던 것이다.

법의학자의 감정 보고서에 따르면 이베트의 시체는 이미 심각한 고도 부패가 이루어져 미라화 단계에 들어서 있었다고 한다. 그녀의 신원도 치과 기록을 통해 겨우 확인할 정도였다. 시체와 현장 상황으로 봤을 때 이베트의 사인은 관상 동맥 질환에 따른 심부전으로 보인다. 발견 당시 이베트의 시체 무게는 25.4킬로그램에 불과했다. 발견 당시 이베트는 죽은 지 1년 정도 되었을 것이라고 추정되었지만 지금까지도 정확한 사망 날짜는 밝혀지지 않고 있다.

시체 부패 속도와 경과 시간에 따른 부패 양상을 알면 죽은 후 시간이 얼마나 지났는지 추정하는 데 도움이 된다. 이를 통해 기초적인 조사를 진행할 수 있기 때문이다. 하지만 시체의 상태에 영향을 주는 변수는 온도, 습도, 자연환경 등 매우 다양하다. 이베트의 경우처럼 시체가 놓였던 환경이 극단적일 경우에는 생각지도 못한 결과가 나타날 수도 있다. 심지어는 멀쩡했던 시체 한 구가 열흘 만에 바싹 마른 시체로 탈바꿈하기도 한다.

열흘 만에 바싹 말라버린 시체를 이해하려면 시체의 부패 과정과 관련 변수를 알아야 한다. 시체의 부패는 온도, 습도, 공기(산소), 동물 및 곤충과의 접촉에 영향을 받는다. 실제로 "땅에서의 일주일은 물에서의 2주일, 땅 밑에서의 8주와 같다"라는 말도 있다.

시체를 가리는 것이 없는 상황에서 그대로 공기에 노출되면 매장되거나 방부 처리되었을 때보다 2~4배 정도 빠르게 부패한다. 부패 속도는 공기와 접촉한 정도나 기온에 따라 결정된다. 또한, 시체가 공기에 노출된 경우에는 새나 파리가 시체에 접촉하여 분해가 훨씬 빨라진다. 숲에서는 연조직에서부터 머리뼈까지 미라가 되는 데 보통 50일 정도 걸린다. 반면 온도와 습도가 높은 숲에서는 단 2주면 미라가 된다. 같은 조건에서 돼지 사체로 실험한 결과 돼지는 1주일 안에 미라가 되었다.

우리가 주목할 점은 시체가 햇빛에 직접 노출되어도 미라화(미라화는 사실 시체의 정상적인 부패를 방해하는 과정이다. 하지만 학계에서는 명확히 정의 내린 바가 없다. 미라화는 시체 전체에 일어나기도 하고, 일부 연조직에만 일어나기도 한다)가 될 수 있다는 사실이다. 시체가 환경적인 조건 때문에 미라화를 '선택'하는 경우, 빠르면 11일 늦어도 12주 안에는 미라화가 이루어진다. 여기서 중요한 점은 옷을 입고 있는 시체의 미라화 속도가 벗고 있는 시체보다 훨씬 빠르다는 것이다. 의류가 수분을 빼앗

151

아가는 데 도움을 주기 때문이다.

간혹 환경적인 조건 때문에 한 시체에서 부패 정도가 다르게 나타나는 '부분 미라화'가 일어나기도 한다. 실제로 이런 사례가 있었다. 외국에 사는 93세 여성의 시체가 교외에서 발견되었는데, 머리는 뼈만 남아 있었고 사지는 미라화되었으며 몸통 부위(특히 장기)는 비누화가 진행되어 시랍이 되었다고 한다. 이렇게 부위에 따라 부패 정도가 다르게 나타나는 시체에서 가장 흔히 볼 수 있는 현상은 머리가 먼저 백골화된 시체다. 이는 머리에 연조직이 비교적 적은 데다가 수분이 많아 부패가 먼저 진행되고 곤충들도 많이 꼬이기 때문이다. 얼굴에서는 눈, 코, 입부터 백골화가 시작된다.

원한이 맺히면 시체가 굳을까

검시 조사관과 법의학자들은 시체의 특징과 자세 등을 통해 그들이 살아 있을 때 마지막으로 무얼 했는지, 사건의 전말은 무엇인지를 알아내고자 한다. 그러려면 시체를 해부하기에 앞서 어떤 현상이 정상이고 비정상인지 명확히 알고 있어야 정확하게 분석하고 추정할 수 있다.

보통 사람들이 가장 무섭다고 생각하는 시체의 모습은 두 주먹을 꼭 쥔 자세나 팔을 L자형으로 구부리고 있는 형태다. 어딘가에 묶여 있다가 죽음을 맞이했을 법한 상황이 자연스럽게 연상되기 때문이다. 그러나 이 현상은 사실 사후 경직과 관련이 있다.

사후 경직은 근육이 경직됨을 의미하는 라틴어 'rigor mortis'와 같은 말이다. 대개 사람이 죽은 뒤 3시간이면(온도가 높은 환경에서는 더 빨리) 나타난다. 사후 경직의 정확한 원리는 아직 완전히 밝혀지지 않았다. 하지만 사람이 죽고 나면 평소 근육을 사용하는 데 필요한 에너지인 ATP의 공급이 중단된다는 것만은 불변의 원리다. 본래 ATP는 산소를 필요로 하는데 사람이 죽어 호흡이 끊어지면 몸 안에 산소가 사라지고 ATP가 공급되지 않아 근육이 수축한다. 이런 화학 반응의 결과로 나타나는 것이 바로 사후 경직이다.

사후 경직은 눈꺼풀과 아래턱 등에서부터 시작하여 서서히 다른 부위와 장기에까지 나타난다. 보통 24~72시간 정도 유지된다(문헌에 따르면 84시간까지 나타난 경우도 있었다). 이 시간 동안 시체는 같은 자세를 유지한다. 그 때문에 장의사들은 유가족의 부탁으로 그 시간 안에 수의를 입히고 시체의 관절과 근육을 마사지해 굳어진 근육을 풀어준다.

시체의 양팔이 L자형으로 구부러지는 현상은 흔히 발견된다. 지금 아령을 들고 있다고 상상해보자. 당신이 상완(어깨에서 팔꿈치까지 이르는 위팔―옮긴이)에 힘을 줘 근육이 수축될 때는 팔이 반드시 구부러진다. 양팔의 전완(팔꿈치부터 손목까지에 이르는 아래팔―옮긴이)과 상완에 각각 힘을 주면 근육에 경련이 일어나 수축되기 마련이다. 이런 상황에서 팔이 구부러지는 것은 충분히 예상되는 반응이다.

시체 연축(죽은 즉시 시체에서 일어나는 경련 수축—옮긴이)
이 일어나기도 한다. 흔히 '사후 경련'이라고 불리는 이 현상은
사후에 근육이 풀어지는 단계를 건너뛰고 바로 사후 경직 상태
에 들어서는 것을 말한다. 이런 현상은 손과 팔의 근육에서 주
로 일어난다. 시체 연축은 발작이나 익사, 질식, 총에 맞아 죽는
것 등 스트레스가 큰 사망 사건에서 주로 발견된다. 외국의 사
례를 보면 물에 빠져 죽은 자살자 중에는 주먹을 꽉 쥐고 있거
나 수초를 쥐고 있는 시체가 많다. 전쟁터에서 머리에 총을 맞
아 죽은 병사들에게서도 이와 같은 특징이 종종 관찰된다. 어째
서 이런 시체 연축이 일어나는지는 의학계에서도 정확히 설명
하지 못하고 있다. 하지만 죽기 전의 기분이나 의식을 시체 연
축의 원인으로 보는 연구가 계속되고 있다.

표류하는 시체

시체가 부패할 때 몸 안에서는 어떤 일이 벌어질까? 크게 두 가
지 화학 현상이 일어난다. 바로 자가 분해와 내부 조직 부패다.
심장 박동과 호흡이 멈춘 순간부터 몸 안에서는 수많은 세균과
효소들이 연조직을 분해하기 시작한다. 이것이 자가 분해. 이
렇게 조직과 장기를 소화하는 과정에서 부패하는 냄새가 강하
게 풍기는데, 이것이 바로 흔히 말하는 '시체 썩는 냄새'다. 이

는 조직이 분해될 때 세균과 효소의 화학 작용으로 기체가 발생하면서 나는 냄새다. 피부가 부패하기 전까지는 이 기체들이 피부 아래에 갇혀 있는 탓에 초기 부패 단계에서 시체의 복부가 부풀어 오르게 되어 '시체 팽창'이 발생한다.

시체가 물속에서 부패하는 속도와 과정은 땅에서 진행되는 것과 다르다. 우선 피부가 변색(혹은 탈색)되었다가 탈피 현상이 일어난다. 그런 다음 세균들이 장에서 시작해 복강 전체와 목 부위까지 서서히 퍼진다. 게다가 부패로 인해 생기는 체액은 시체의 얼굴과 목 부위를 부풀어 오르게 한다. 부푼 시체가 물 위로 뜨면 수압이 바뀌면서 체액이 눈, 코, 입, 귀, 항문 등 몸의 구멍을 통해 배출된다. 몸에 상처가 있으면 그 상처를 통해서도 체액이 흘러나온다. 이는 지극히 정상적인 현상이다. 물속에서도 마찬가지로 시체의 부패 속도는 온도와 산소, 시체가 의류로 감싸져 있는지 여부에 영향을 받는다.

시체가 물에 닿으면 손발의 피부가 쪼글쪼글해진다. 이는 표피 아래의 혈관이 수축하여 생기는 현상으로 '표모피漂母皮'라고 부른다. 물에 잠긴 지 얼마 안 된 시체는 물 밑으로 가라앉는다. 하지만 몸 안에서 자가 분해와 내부조직 부패가 시작되면 화학 작용으로 만들어진 기체가 부력을 크게 만든다. 곧이어 시체가 떠오르고, 탈피나 연조직이 몸에서 탈락하는 등의 변화가 생긴다. 시체의 조직에서 부패하는 부분이 많아지면 부패로 생긴 기체가 서서히 줄어들어 부력에 영향을 준다. 그에 따라 시체는 백골화되고 부력이 떨어지면서 다시 물 밑으로 가라앉는다. 죽은 사람의 폐에 물이 차 있으면 시체의 부력이 낮아져 시체가 상대적으로 쉽게 물속으로 가라앉는다.

간혹 탈피가 일어난 시체의 손이 장갑을 낀 것처럼 보일 때가 있다. 감식원은 그 손에서라도 지문을 채취하려고 시도한다. 탈피 현상으로 오래된 문신이나 상처가 드러나기도 한다. 이런 경우, 탈피 현상은 죽은 사람의 신원 확인에 도움을 준다.

표류하는 시체는 물 때문에 DNA를 채취하기가 쉽지 않으며 지문도 제대로 확인하기 어렵다. 하지만 치아가 잘 보존되어 있다면 DNA를 채취하여 신원을 감정할 수 있다. 그러려면 치아의 법랑질이 손상되지 않아야 하며 생전에 치과 질환도 없었어야 한다. 물론 시체가 유골이 된 뒤에 발견되었다면 머리뼈를 통해 죽은 사람의 자료를 찾아야 하기 때문에 신원을 밝히기가 더 어려워진다.

분석은 정확하고 신중하게

죽은 사람이 비인도적인 대우를 받았는지 범인이 살인을 저지른 뒤에 다른 이야기를 꾸며내 진상을 숨긴 것은 아닌지 확인하려면 시체와 뼈에 남은 상흔 및 그 분포를 분석하여 추측해야 한다. 상흔 분석은 인도주의와 법의학에서 매우 중요한 과정이다. 법의인류학자는 뼈에 남은 상처나 흉기가 남긴 흔적만 분석할 수 있다. 이런 연구로는 재난이나 대학살 사건으로 희생된 사망자의 신원을 확인하는 것이 어려울 수도 있다. 하지만 전범의 범죄 증거를 수집하거나 억압받던 사람들의 목소리를 내는 역할은 할 수 있다. 상흔을 분석할 때 상처가 생긴 순서는 매우 중요하다. 어떤 상처가 치명상이었는지 여러 차례 의도를 가지고 상처를 입힌 건 아닌지 등을 확인해야 한다.

사후 손상은 보통 탄성과 인성韌性을 잃은 마른 뼈에 외부의 압력이 가해져 생긴다. 이런 상처는 주로 온도의 변화, 동물의 습격, 주변 식물이 성장하며 가한 압력 등에 의해 생긴다. 큰 나무의 뿌리가 뼈를 누르거나 매장하는 과정에서 시체에 흙을 덮는 행위로도 사후 손상이 생길 수 있다. 또한, 사후 손상은 반드시 골절의 각도, 골절 부위 주변의 흔적 등을 바탕으로 전문가가 판단해야 한다. '죽을 때 나는 상처'의 정의는 이론의 여지가 있다. 사우저Sauser라는 학자는 이런 흔적이 죽음을 맞을 때쯤 생긴 것이라고 지적했다. 이런 상처들은 간혹 사후 손상으로 위장되기도 한다.

죽을 때 생기는 손상과 죽고 나서 생기는 손상의 가장 큰 차이는 뼛속의 수분이다. 이해를 돕기 위해 한 가지 예시를 들어보겠다. 실내 온도가 적당할 때 손으로 초콜릿을 둘로 나누면 쪼개진 단면과 초콜릿 색깔이 똑같다. 단면은 상대적으로 매끄러우며 규칙성이 있다. 죽을 때 입은 손상은 이와 같다. 손상이 생길 때 뼈에 충분한 수분과 콜라겐 등의 유기 광물이 남아 있기 때문이다. 반면, 사후의 상처는 손으로 비스킷을 둘로 나누는 것과 같다. 비스킷은 쪼개진 단면 안쪽과 바깥쪽의 색깔이

다르며(한쪽은 짙은 색이고 다른 한쪽은 옅은 색이다) 단면이 거칠고 불규칙하다. 사후 손상은 뼛속의 유기 물질과 수분이 사라진 후에 생기기 때문이다. 물론, 뼈가 일정 시간 방치된 후에야 차이는 뚜렷해진다.

주의할 점은 법의학자가 직접 현장에 가보지 않거나 해부 작업에 참여하지 않으면 과학적 근거와 법의학 지식에만 의지하여 모든 분석이 이루어진다는 것이다. 인터넷 사진으로만 분석하면 사진의 선명도와 촬영 각도의 영향을 받아 정확한 검사와 검증을 할 수 없다. 법의학의 제일 전제는 절대 사진 한 장만으로 결론을 내리지 말라는 것이다. 특히나 낮은 화소의 사진은 쉽게 믿으면 안 된다. 현장에 없었다면 시체의 상태를 정확히 검사할 수 없으며 확실한 답을 내놓을 수도 없다.

쓸쓸하게 죽지 않도록

앞서 언급했던 이베트의 시체는 마침내 화장될 수 있었다. 들리는 바에 따르면 『플레이보이』의 발행인 휴 헤프너Hugh Hefner가 화장과 장례 비용을 부담했다고 하는데, 확인된 것은 없다. 휴 헤프너는 성명을 발표해 이베트가 외롭게 세상을 떠난 것에 슬픔을 느낀다고 말했다. 이베트를 화장한 재는 그녀의 이복 오빠가 줄곧 갖고 있었다. 이후 성당에서 이베트를 위한 추모회가 열렸는데 그 자리에는 겨우 29명의 추모객만이 참석했으며, 그

나마도 대부분 친척과 연락이 끊긴 지 오래된 친구들뿐이었다. 추모회에서는 신부와 오빠가 추모사를 했다.

장례를 치르는 내내 이베트의 오빠는 어째서 이베트가 죽은 후 그렇게 한참 동안 소식을 묻는 사람이 없었는지, 왜 여동생의 생전 친구들이 조문하러 오지 않았는지 이해가 되지 않는다고 했다. 이베트는 죽기 전 몇 년 동안 자서전을 쓰려고 애쓴 시간 외에는 모두 인터넷에서 친구를 사귀는 데 에너지를 쏟아부었다. 현실 속 그녀는 외부에 모습을 드러내지 않았으며 아이도 없었고 단체 활동이나 사교 모임에 참가하지도 않았다. 이베트의 시체를 발견했던 수잔은 그녀가 죽기 전 몇 개월 동안 어떻게 살았는지 알아보려고 그녀의 전화 기록을 확인했다. 그 기간 이베트는 가족이나 친구와 전혀 연락하지 않았으며 인터넷에서 그녀에게 먼저 연락한 팬들과만 통화했다.

이베트는『플레이보이』의 모델로 연예계에 발을 들여놓은 뒤 노선을 바꾸어 괴수가 등장하는 B급 공상 과학 영화의 아이콘이 되었다. 그녀는 외부에 모습을 잘 드러내지 않았기에 주변 사람들과 점차 거리가 멀어지고 말았다. 그녀의 죽음은 인터넷 만남에 과도하게 몰두하고 있는 사람들이 맞을 수 있는 안타까운 결말을 보여준다. 이베트의 사망 소식은 당시 미국 신문들의 주요 페이지를 장식했다. 이는 숨어 지내던 이베트의 살아생전 모습과는 상반된 모습이었다.

만약 수잔이 관심을 보이지 않았다면 이베트는 난로 옆에서 몇 년이나 더 시간을 보내다 발견되었을지 모른다. 어쩌면 영원히 발견되지 않았을 수도 있다. 그녀는 죽음으로 우리에게 호소하고 있다. 외롭게 세상을 떠나는 일은 커다란 비극이며 사회가 직시해야 할 문제라고 말이다. 그녀의 죽음을 통해 우리는 이런 상황에서 할 수 있는 일이 무엇인지 고민하게 된다.

5장

메멘토 모리,　우리는 결국 뼈가 된다

2008년에서 2012년 사이에 영국의 아주 오래된 병원 건물터에서 발굴 작업을 진행하던 고고학자들이 사람 유골을 여러 구 찾아냈다. 그중 하나는 11~12세기에 살았던 부유한 남자의 유골로, 나이는 18~25세쯤이며 한센병에 걸려 죽은 듯했다.

죽음 앞의 평등

인체 해부학의 실증적 연구는 15세기에 레오나르도 다빈치가 인체 소묘를 그리면서 시작되었다. 작가 스콧 카니Scott Carney 의 『레드 마켓, 인체를 팝니다』라는 책에 나오는 자료에 따르면 머리부터 발끝까지 전부 포함한 인골 표본이 처음 등장한 것은

1543년이다. 하지만 사람의 몸에 실제로 칼을 대 해부를 배우기 시작한 지는 그렇게 오래되지 않았다.

르네상스 시기의 유명한 인체 해부학자 안드레아스 베살리우스_Andreas Vesalius_가 나타나기 전만 해도 인체에 대한 이해와 의학 문헌은 모두 고대 그리스의 외과 의사 갈레노스의 연구에 기초한 것들이었다. 초기의 의학은 당시 그리스의 종교와 가치관에 영향을 받았다. 그 때문에 갈레노스는 실제 사람으로 해부 연구를 할 수 없었으며 원숭이나 개 같은 동물을 해부하며 관련 지식을 쌓았다. 이후에도 의과대학에서는 대부분 갈레노스의 문헌을 교재로 사용했기에 학생들은 혈액 순환이나 장기의 위치 등 인체 구조와 관련된 이론을 잘못 이해하고 있었다. 그로부터 무려 1천여 년 뒤, 안드레아스 베살리우스라는 '해부학의 반역자'가 나타나면서 인체 해부 연구의 방향이 완전히 뒤바뀌게 되었다.

갈레노스의 인체 해부학을 바탕으로 연구하던 베살리우스는 책에 쓰인 인체의 구조가 실제와 다르다는 사실을 발견했고, 얼마 지나지 않아 갈레노스의 학설마저 부정했다. 그는 『인체의 구조에 관하여_De humani corporis fabrica libri septem_』라는 책을 집필해 다빈치의 인체 소묘와 더불어 해부학 및 현대 의학의 기초를 쌓았다. 16세기 초, 영국의 헨리 8세는 사형수를 해부하여 의학을 공부해도 된다고 승낙했다. 그 뒤 18세기 중반까지 '죽은 뒤 해부를 당하는 것'은 극형으로 여겨졌다. 이런 해부는 살인범에게만 국한된 것이었다. 당시 여성은 이런 죄명에 연루되

는 경우가 적었고 사형을 당하는 일은 더더욱 없었기에 해부할
수 있는 여성의 시체가 부족했다.

　　최근 고고학자 제나 디트마Jenna Dittmar와 피어스 미첼
Piers Mitchell이 사후 의료 행위에 관한 연구를 진행하며 병원 무
덤에서 나온 유골들을 분석했다. 이를 통해 미국과 영국의 유골
들에서 2, 3회씩 해부한 흔적을 발견했다. 그들은 이 유골들을
통해 옛날 사람들이 남녀의 시체를 어떻게 다르게 대했는지 차
이점을 알아보려 했다. 남성의 유골뿐만 아니라 여성의 유골에
서도 해부의 흔적과 빈도수가 비슷하다는 점을 확인했다. 그들
은 총 99구의 유골을 연구했는데 그중 남성의 유골이 74구, 여
성의 유골이 25구였다. 이 유골들은 모두 19세기 후반 로열 런
던 병원과 케임브리지대학교에서 온 것이었다.

　　연구 팀은 유골에서 모든 흔적을 찾아내 기록하고 역사
에 기록된 해부 과정 및 묘사와 비교하여 해부의 전말을 밝혀냈
다. 그중에서도 흥미로운 사실은 두개골을 자를 때 쓴 톱의 날
을 분석한 결과, 각도는 조금씩 달랐지만 왼쪽에서부터 잘랐다
는 것이었다. 또한, 그들은 유골의 얼굴과 눈 부위도 모두 해부
되었던 흔적을 찾았다. 99구의 유골 중에 3구의 머리는 경추에
서부터 톱질을 하여 몸과 분리된 흔적이 있었다.

　　이외에도 연구에서는 절단된 신체 부위에서 잘린 흔적
을 여러 개 발견했다. 이는 당시 해부에 필요한 시체가 부족하
여 관행으로 이루어졌던 '시신 나눔' 때문으로 추정되었다. 여
성의 시체도 예외는 아니었다. 연구 팀은 이 같은 사실을 통해

남성이든 여성이든 죽고 난 뒤에는 똑같이 대해졌을 것이라고 추측했다. 부족한 시신을 나누어 학습했기 때문에 당시에 해부를 책임진 사람은 죽은 이의 시체에서 '성별'이라는 속박을 걷어낼 수밖에 없었다. 그러고 보면 죽음 앞에서는 모두가 평등한 법이다.

인체에서 가장 기묘한 물질

한마디 말도 없는 뼈가 도대체 어떻게 죽은 이의 정보를 우리에게 알려줄 수 있을까? 뼈는 우리 생명의 기초 가운데 하나다. 우리가 막 태어날 때만 해도 뼈는 완전히 자라지 않은 상태다. 그래야 어머니의 몸에서 쉽게 빠져나올 수 있기 때문이다. 사람이 태어날 때는 몸에 3백여 개의 뼈가 있는데 이후에 성장하고 발육하면서 뼈와 뼈, 또는 뼈와 성장판이라고도 불리는 뼈끝판이 융합(인접한 뼈들이 뼈조직에 의해 합쳐져서 관절을 형성하는 현상을 뼈 융합이라 한다―옮긴이)하게 된다. 골단판과 골간의 활동으로 우리는 아기 때부터 청소년기까지 키가 자란다. 뼈는 끊임없이 변화하고 발달하며 성장한다.

　뼈는 매우 생명력 넘치는 기관이다. 뼈는 많은 혈관과 신경이 모여 있는 조직으로 묘사되는데, 그 안의 세포 역시 태어나고 죽기를 반복한다. 하지만 이렇게 단순한 묘사는 뼈의 입장에서 불공평하다고 느껴질 수 있다. 뼈는 뜻밖의 진화를 이루

164

어낸 몸에서 가장 흥미롭고 오묘한 물질이기 때문이다. 뼈는 그 자체로 움직이지 않지만 우리를 움직이게 한다. 물론 뼈의 가장 중요한 역할은 우리 몸을 지탱하고 하나의 틀로써 장기를 보호하는 것이다. 동물의 뼈는 모두 다른 틀을 가지고 있다. 어떤 뼈는 진화해 날개가 되기도 했지만, 기본적으로 모든 생물은 뼈를 갖고 있다.

　　뼈는 우리가 태아일 때 연골 모형으로 생겨난다. 자라면서 뼈의 제작을 책임지는 세포가 인산칼슘 같은 광물질로 구성된 성분으로 연골을 대체한다. 이어서 조골세포가 끊임없이 이 연골 표면에 더 많은 광물질을 저장시켜 서서히 뼈를 단단하게 만든다. 뼛속 공간은 점차 영양분의 수송 통로인 신경과 혈관 등으로 채워진다. 우리가 살아 있는 동안 조골세포는 뼈에 광물질을 계속 저장하며 파골세포를 도와 균형 있는 환경과 뼈대를 만든다. 파골세포는 효소를 이용해 이미 쓸모가 없어진 광물질을 분해하여 조골세포가 뼈에 유용한 광물질을 더 많이 보내도록 돕는다. 이는 집 인테리어를 할 때 불필요한 부분을 먼저 떼어버린 뒤 새롭게 장식해야만 최적의 결과를 얻을 수 있는 것과 마찬가지다.

　　뼈는 유기물과 무기물이 혼합되어 있다. 유기물인 콜라겐은 뼈의 30~40퍼센트를 차지하며 뼈에 인성이 생기게 한다. 무기물인 인산칼슘은 뼈의 경도硬度를 더한다. 뼛속의 유기물과 무기물의 비율은 나이에 따라 변화한다. 아동과 청소년기의 뼈에는 유기물이 훨씬 많고 무기물의 함량은 적어 뼈의 경도가 약한 것에 비해 인성은 매우 강하다. 그래서 어린 나이에 뼈가 완전히 부러지려면 매우 큰 외부의 힘이 필요하다. 반면 노인들의 뼈에는 유기물의 함량이 적고 무기물의 함량이 많다. 그 때문에 뼈가 연약하고 쉽게 골절된다. 일반 성인의 뼈에 있는 유기물은 아동이나 청소년보다 적고 노인보다 많으며, 무기물의 비율은 청소년과 노인의 중간 정도다. 성인의 뼈는 대체로 경도가 강하고 인성이 부족하다.

신기하게도 뼈와 치아는 어머니의 배 속에 있을 때부터 자란다. 뼈의 성장 속도와 진행 과정에는 일정한 법칙이 있다. 그래서 아이와 성인의 시체 사망 연령을 추정하는 방법이 다르다. 아이의 경우에는 치아의 형성에서부터 치아가 난 과정, 뼈의 성장, 뼈의 융합 속도 등을 위주로 분석한다. 성인은 그와 반대로 뼈의 손상 정도를 관찰한다. 과학의 작은 진보 하나하나가 우리를 도와 '최후의 증인'을 식별하는 도구가 된다.

현실은 드라마와 다르다

유골을 식별할 때 죽은 사람의 성별과 나이를 추정하는 것은 매우 중요하다. 특히, 성별을 추정하는 작업이 우선되면 신원을 효율적으로 찾을 수 있다. 성별을 추정하는 것만으로도 절반 이상의 가능성을 배제하고 수색 범위를 좁혀 집중할 수 있기 때문이다. 또, 여러 가지 기술을 활용해서 나이를 감정하더라도 성별에 따라 다른 결과가 나오는 경우가 많기 때문에 유골의 나이를 정확히 추정하려면 반드시 성별을 먼저 알아야 한다.

20세기 초 미국에서 활동했던 인류학자 알레시 허들리치카Aleš Hrdlička(체코 출신으로 어린 시절 미국으로 이주해 의대에서 공부하고 훗날 인류학자가 되었다—옮긴이)는 현대의 뼈 연구에 탄탄한 기초를 닦은 인물이다. 그는 현재 스미스소니언 국립 자연사 박물관이 된 미국 국립 박물관의 초대 관장을 역임했다. 그의 임기 중에는 유골의 성별을 단순히 남성 혹은 여성으로만 구분했는데, 이는 상당히 관습화된 연구 방향이었다.

미시간대학교의 과학자 프레드 디엠Fred. P Thieme과 윌리엄 슐William J. Schull은 1957년에 다음과 같은 글을 썼다. "성별은 사람의 다른 표현형 특징과 달리 지속적으로 변하지는 않지만 명확한 쌍봉 분포의 특징을 드러낸다." 기록에 따르면 유골의 성별을 추정하는 이 쌍봉 분포는 이후 오랫동안 법의인류학의 과학적 연구에 영향을 미쳤다.

1972년, 펜실베이니아주립대학교의 명예 교수인 케네스 바이스Kenneth Weiss는 여러 고고학 유적지에서 찾아낸 유골의 통계를 살펴보다가 각 유적지의 남성 유골이 여성의 유골보다 12퍼센트 정도 많다는 사실을 발견했다. 하지만 그가 아는 바에 따르면 유적에서 발견되는 남녀의 비율은 각각 절반 정도가 되어야 옳았다. 바이스 박사는 이 조사를 통해 유골의 전체적인 느낌이나 키, 뼈의 크기 등에 관계없이 자신과 같은 일을 하는 사람들에게는 유골의 성별을 반드시 남성 혹은 여성으로 확정하고 싶어 하는 '유혹'이 존재한다는 결론을 내놓았다.

이 보고 이후 관련 연구 수칙은 점차 변했다. 법의인류학자들이 성별을 판단할 때 남성과 여성이라는 선택지 외에도 '불확실'이라는 항목이 하나 추가되었다. 21년 뒤, 당시 대학원생이었던 카렌 본Karen Bone은 재조사를 통해 이전의 성별 불균형 문제가 사라졌음을 발견했다.

유골의 성별에 따른 특징은 유전자와 생화학의 교류를 통해 드러난다. 이런 상호 교류는 뇌를 포함한 몸의 모든 조직에서 일어날 수 있다. 유골에서 보게 되는 특징과 변화가 모두 매우 복잡한 성 유전자와 생화학의 교류로 나타난 것임을 잊지 말아야 한다.

파란색에 빨간색을 섞으면 분명 보라색이 된다. 하지만 색을 섞는 과정에서 파란색을 더 많이 섞을 수도 빨간색을 더 많이 섞을 수도 있다. 이에 따라 좀 더 짙은 보라색이나 옅은 보라색이 되는 것이다. 사람의 뼈도 마찬가지다. 유전자가 생화학과 교류하면서 어떤 남성의 유골에서는 여성 유골의 특징이 나타나고, 또 어떤 여성의 유골에서는 선천적 유전자 때문에 남성 유골의 특징이 발현되기도 한다.

성적 이형성(같은 종의 두 성이 생식기 이외의 부분에서도 다른 특징을 보이는 상태—옮긴이)의 차이가 클수록 법의인류학자는 더 정확히 성별을 판단할 수 있다. 하지만 단순히 성적 이형성만으로 뼈 자체의 성별이나 유전자가 드러내는 성별을 설명할 수 없다는 것을 유념해야 한다. 그 때문에 법의인류학자들은 골반과 머리뼈를 이용하는 것 외에도 유골의 발견 지역, 국가 등을 고려해 성별을 판단한다.

네덜란드 사람과 관련된 연구를 예로 들어보자. 네덜란드인들은 지구상에서 가장 키가 큰 민족이다. 하지만 네덜란드 아이가 날 때부터 다른 나라의 아이들보다 유난히 큰 것은 아니다. 그래서 네덜란드 여성의 골반은 다른 지역의 여성과 다른 특징을 보인다. 특히 키가 작은 여성들은 출산에 적합한 상태로 몸을 만들기 위해 호르몬의 도움을 받아 골반이 넓어진다. 하지만 네덜란드 여성은 선천적으로 큰 골반을 가지고 있는 데다가 태아가 특별히 크지도 않아 변화에 따로 적응할 필요가 없다. 그래서 출산 후 골반통 같은 후유증을 앓는 사람도 적다. 즉, 다른 지역의 여성들은 남성에 비해 큰 골반을 가져 성적 이형성이 비교적 명확한 반면, 네덜란드 여성들의 골반은 남성의 골반과 명확히 구분될 정도로 크지 않다. 따라서 네덜란드 사람의 유골은 골반만으로 성별을 추정하기 어렵다.

성적 이형성의 차이가 클수록 법의인류학자는 성별을 더 쉽고 정확하게 판단할 수 있다. 하지만 위의 사례에서도 알수 있듯 단순히 성적 이형성만으로 뼈 자체의 성별이나 유전자가 드러내는 성별을 설명할 수 없다. 현실은 드라마와 다르다. 세상의 어떤 법의인류학자도 드라마처럼 하나의 표현형 특징만으로 성별을 추측할 수는 없다. 성인의 유골, 그것도 전체 유골을 가지고 성별을 분석해야 그 정확도가 높아진다.

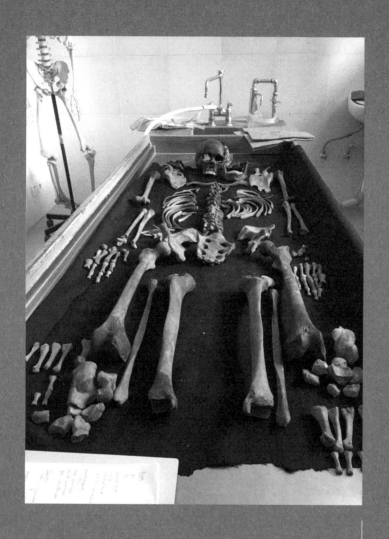

유골을 깨끗한 상태로 만든 뒤 해부
학적 위치에 따라 배열한 후에 분석
을 시작한다.

역사와 문화의 중요한 증거, 뼈

생전 활동과 일했던 흔적을 추정하기 위해서는 반드시 뼈의 구성, 인성 등이 여러 요소로부터 영향을 받는다는 점을 고려해야 한다. 특히 남녀의 유골에는 차이가 있다. 인간의 생활 방식은 사냥과 채집 사회에서 농업 사회로 전환되었지만, 뼈 전체를 놓고 보면 사실 큰 차이가 없다. 다만 먼 옛날(중유럽에서 발견된 기원전 5200년~기원후 100년)의 사람 목뼈는 비교적 굵고 굽어 있다. 자주 달리다 보니 근육의 영향을 받아서 그렇게 된 것으로 보인다. 오늘날까지 진화를 거치며 사람의 목뼈는 곧아지고 가늘어졌다. 대체로 비교적 정적인 경작을 하며 운동량이 줄어들었기 때문이다. 그런데 이런 차이는 남성의 몸에서 많이 나타날 뿐, 여성의 목뼈에는 큰 차이가 없다.

171

몇몇 연구에 따르면 이는 유사有史 이전의 여성들이 주로 가사 노동에 종사했기 때문에 남성처럼 체격이 건장하지 않아서라고 한다. 그런데 케임브리지대학교의 한 인류학자는 새로운 의견을 제시했다. 이 연구 팀은 중유럽의 신석기 시대, 청동기 시대, 철기 시대, 중세기의 표본들을 연구하였고 3D 레이저 영상 기술로 총 89개의 목뼈와 78개의 상완골을 기록했다. 또한, 케임브리지대학교에서 육상, 축구, 조정 등 운동을 하는 여학생들과 운동 이력이 없는 여학생들을 연구에 참여시켜 팔과 다리 부위의 CT 촬영을 했다.

분석해보니 기존의 연구 결과처럼 목뼈의 진화에는 큰

변화가 없었다. 하지만 팔뼈의 변화에는 새로운 패턴이 나타났다. 신석기 시대, 청동기 시대, 철기 시대 표본의 팔뼈에서 측정된 강도가 현대 여성 팔뼈보다 5~10퍼센트 높았던 것이다. 유사 이전 시기 여성의 팔뼈는 현대의 여성 조정 선수의 팔과 비슷했다. 이는 당시 여성들이 조정 선수에 맞먹는 힘으로 도랑을 파고 경작에 쓰이는 바구니와 도구를 옮겼으며 곡물을 갈았다는 뜻이다. 이를 통해 당시 여성들은 물리적으로 힘이 많이 드는 일을 했으며 상반신의 에너지 수요가 컸다는 것을 알 수 있다. 반면, 남성의 노동은 두 다리를 쓰는 것에 집중되어 있었다.

　뼈는 지난 수백 년, 심지어 수천 년 동안 진화해왔다. 이는 통계학의 숫자로도 충분히 표현할 수 있다. 오늘날에는 휴대용 엑스레이기 같은 과학 기술과 도구를 활용하여 고고학자나 관련 전문가들이 뼈의 단서와 특징을 해독할 수 있다. 사람이 죽은 지 수백 년이 넘었다 해도 뼈가 놓여 있던 환경에 따라 보존 상태가 달라지며, 양호한 경우에는 뼈의 특징을 분석하여 신원도 식별할 수 있다. 그렇다고 해서 뼈가 지난날 겪어온 모든 일을 우리가 명확히 알아낼 수 있는 것은 아니다.

　뼈는 우리에게 다양한 이야기를 들려줄 수 있으며, 전 세대에 걸친 사람과 뼈의 관계를 들려줄 수도 있다. 하지만 사람과 뼈의 관계는 반드시 다양한 각도와 문화, 역사를 통해 전체적으로 조망해야 한다. 인류는 뼈를 이용해 악기, 보석, 소장품, 종교적 증거품을 만드는 등 다양한 상징적 의미를 부여했다. 뼈는 단순히 과학 연구 혹은 생물학의 일부에 그치지 않는

172

다. 뼈는 문화와 역사, 사회의 한 부분이다.

누가 어떤 각도로 관찰하느냐에 따라 뼈에서 분석해낼 수 있는 이야기는 달라진다. 학자들은 뼈를 통해 옛사람들의 경험이 후대 사람들에게 미친 중대한 역사적 사건을 읽어낼 수 있다. 하지만 뼈가 우리 몸 안에 숨겨져 있듯 문화에서 뼈가 차지하는 자리 역시 두드러지지 않는다. 그래서 우리는 뼈를 직접 언급할 일이 많지 않은 것이다. 하지만 뼈는 조용히 우리의 일상을 모두 기록하고 있다.

평행우주를 잇는 다리

뼈는 수백만 년 변화의 역사 속에서 우리의 몸을 지탱해왔다. 우리는 뼈 덕분에 활동할 수 있다. 개개인의 특성에 따라 뼈도 저마다의 독특성과 다양성을 지니게 되었다. 다시 말해 뼈는 우리의 생활 방식과 습관을 줄곧 기록해온 것이다. 어찌 보면 사람들의 몸에는 자신만의 전기傳記가 한 권씩 있는 셈이다.

뼈는 우리 몸의 마지막 퍼즐 한 조각으로 우리의 인생을 일깨우며 삶의 마지막 순간을 알려준다. 두개골의 문화적 의미는 뼈가 우리에게 알려준 인생의 의미를 좀 더 깊이 생각하게 만든다. 뼈와 마주할 때 우리는 한 '사람'을 바라보고 있다는 사실을 깨닫게 된다. 뼈에 담긴 문화와 역사, 생명을 통해 우리는 서로를 이해하려 한다. 뼈에 가까이 다가갈수록 외면하고 싶은 자신의 모습을 볼 수도 있다. 혹은 세상에 동화되고 세속화되어 몸에 부여된 가치를 발견하게 될 수도 있다. 어느 쪽이든 뼈를 통해 자신을 마주하는 것은 쉬운 일이 아니다.

해부학은 단순히 인체 구조만을 배우는 학문이 아니다. 삶과 죽음, 인간의 본질, 이타주의, 존중과 존엄 등 철학적 문제들을 다룬다. 그런 의미에서 해부학은 수행이라고도 볼 수 있다. 해부학을 배우는 과정은 지극히 개인적일 수밖에 없다. 해부학에서 인생의 의미를 깨달은 사람들은 그 마음을 후대에 전해줄 수 있을 것이다. 사람들이 인체 구조의 오묘함을 통해 자신의 마음을 돌아볼 수 있도록 말이다.

해부학을 배우는 사람은 고대 그리스 의학의 거인이었던 히포크라테스와 갈레노스, 그들의 계승자인 레오나르도 다빈치 그리고 안드레아스 베살리우스의 어깨 위에 올라타 있다. 그들이 남긴 연구 덕에 우리는 배움의 기초를 쌓을 수 있었다.

세상에 살아 있는 사람은 제아무리 많은 죽음과 마주한다 해도 죽은 이들과 교집합을 만들 수 없다. 하지만 해부학에 발을 담그고 그 아름다움을 이해하면 살아 있는 사람과 죽은 사람의 평행우주 사이에 다리를 놓을 수 있다. 이 다리를 건너본 사람은 해부학이 준 특별한 경험을 잊을 수 없다. 첫걸음을 들여놓은 순간부터 해부학의 모든 것이 몸 안의 신경 하나하나를 일깨우기 때문이다.

조각난 뼈를 세심하게 모으는 것에
서부터 분석은 시작된다.

죽음을 마주하는 법

> 살아 있는 자들에게서는 존경심을 발견하지만 죽은 자들에게서는 오직 진실만을 발견한다.
>
> ―볼테르

176   미국 하와이의 몰로카이섬 북부 해안에는 반도가 하나 있는데, 거기에는 세상에서 가장 높은 해안 절벽이 있다. 걸어가거나 경비행기를 타야만 갈 수 있는 곳으로 매우 아름다운 자연 경관을 자랑한다. 하지만 험준한 환경과 고립된 지리적 위치 탓에 이곳은 하와이가 짊어져야 할 흑역사가 되었다.

몰로카이섬에 위치한 칼라우파파반도는 역사적으로 한센병 환자들을 격리하던 곳이었다. 칼라우파파에는 약 8천 명의 하와이 주민이 묻혀 있는데 그들은 모두 한센병 때문에 이곳으로 이주해야만 했던 피해자들이다.

1886년부터 하와이 사람들에게 한센병 증상이 나타났다. 현지 원주민들의 면역력이 약한 탓에 이 병은 빠른 속도로 하와이 제도를 덮쳤다. 한센병은 하와이를 침략하여 살던 유럽

뼈의 방

인들이 처음 퍼뜨린 병이었다. 현지 사람들은 한센병이 신경계통을 망가뜨리고 근육의 통제 기능을 잃게 하며, 눈이 멀고 심하면 신체 일부가 떨어져 나갈 수 있다는 사실 정도밖에 알지 못했다. 당시 하와이에서는 한센병에 걸리면 바로 배에 실어 칼라우파파에 격리했다. 큰 벌을 받을 만한 죄를 지은 것도 아닌 그들에게 이는 사형 선고나 다름없었다.

새로 쓴 나병의 역사

지금은 한센병이라고 불리는 나병은 슬픈 역사가 있다. 한센병은 나균에 의해 발생하는 만성 전염병으로 폐결핵 같은 미코박테리아병에 속한다. 이 유형의 간균(막대 모양의 세균—옮긴이)은 노르웨이의 세균학자이자 의사인 한센Gerhard Armauer Hansen이 발견했다. 그래서 그의 성을 따 한센병이라고 이름 붙였다. 한센병은 비말을 통해 전염되는 만성 전염병으로, 비강의 점막과 호흡기로 흡수할 경우 감염된다. 한센병은 전염력이 높지 않고 피부를 통해 전염되지도 않는다. 나균의 감염성도 환자의 면역력에 따라 달라진다. 그 때문에 임상의 특징도 다양하다.●

● 한센병은 유형에 따라 결핵양형(TT), 근결핵양형(BT), 중간형(BB), 근나종형(BL), 나종형(LL) 등 5가지로 구분된다.

한센병을 앓았던 환자의 유골에는 손가락과 발가락 등에 '빨아 먹은 막대사탕sucking lollipop'이라 부르는 증상이 나타난다. 한센병 때문에 뼈가 마치 막대사탕을 빨아 먹은 듯한 모양으로 변하는 것이다. 이런 특징 때문에 법의인류학자들은 뼈를 분석하는 과정에서 고인이 생전에 한센병을 앓았는지 쉽게 알 수 있다.

　　한센병은 역사가 길다. 나균의 기원은 동아프리카나 아시아로 알려져 있으며, 유럽으로 전파되었다가 미주로 옮겨갔다. 역사 기록에 한센병이 처음 등장한 것은 기원전 600년 인도의 종교 경전에서였다. 책에는 한센병에 걸리면 손가락과 발가락은 물론이고 몸의 감각을 잃게 된다고 적혀 있다. 또한, 당시 사람들은 한센병에 걸린 환자를 벌판에 버려 죽든 살든 관여하지 않았고 불에 태워 죽이기도 했다.

　　한센병은 중세에 유럽에 널리 퍼져 12~14세기에 기승을 부리다가 그 이후에 점차 사라졌다. 한 학자의 추측에 따르면 폐결핵 발병률이 높아지면서 한센병에 대한 면역력도 어느 정도 높아졌다고 한다.

　　하지만 2018년, 취리히대학교의 고유전학자 베르나 슈네만Verena Schuenemann이 이끄는 연구 팀은 다음과 같은 연구 결과를 학술지에 발표했다. 400~1400년에 조성된 유럽 각지의 무덤에서 나온 유골 90구를 검사하고 분석한 결과 한센병으로 골격이 변형된 유골들이 있었다는 것이다. 이는 한센병이 실은 유럽 동남부나 서아시아에서 시작되었으며 중세기에 유행했던 나균의 종류가 알려진 것보다 훨씬 많았을 수도 있음을 의미한다. 이 연구로 관련 학계는 한센병의 기원과 역사를 새롭게 살펴볼 수밖에 없게 되었다.

죽음을 제대로 마주해야 한다

법의학은 전문적으로 미래를 준비하게 하는 학문이다. 우리는 죽음이 주는 추진력으로 죽음과 관련된 지식과 연구 방법을 더 많이 확보할 수 있게 되었다. 법의학은 문명이 더 멀리 갈 수 있게 하는 동력이 되어주었고, 우리가 창조하고 사고하며 배우고 사랑할 수 있는 힘이 되었다. 영광스럽게도 나는 배우고 연구하는 과정에서 많은 유골을 만날 수 있었다. 고고학의 연구 대상이 된 유골이든 전쟁에서 죽은 사람이든 혹은 목소리조차 내보지 못했던 피해자든 그들 모두는 저마다의 '비밀번호'를 내게 기꺼이 알려주었고 자신들의 내밀한 이야기와 인생의 갖가지 경험을 들려주었다.

분화分化와 차이를 강조하는 오늘날의 국제 질서 속에서 유골들은 당대의 다양한 이론들을 반증하려 노력했다. 뼈는 내게 이렇게 말했다. 출신, 종교, 사회 문화, 시대와는 상관없이 우리는 유골의 삶을 배운다는 점에서 모두 같다고 말이다. 나는 그들의 가르침에 곤혹감을 느끼기도 했다. 현대인들은 최첨단의 과학 기술과 장비를 앞세워 인간의 활동을 극한으로 몰아간

다. 그들은 가장 높은 산봉우리를 정복하려 하며 세계 구석구
석을 누비려 하고 우주의 영역과 다른 별의 모든 것을 탐색하고
싶어 한다. 하지만 그러면서도 인생의 '종점'인 죽음은 외면하
며 좀처럼 직시하려 하지 않는다. 마치 죽음이 입에 담지 말아
야 할 금기인 양 세상을 사는 동안 우리는 죽음을 제대로 이해
하지 않은 채 침묵만 지키려 한다.

　　　침묵을 지키는 태도로는 죽음을 막을 수 없다. 오히려
죽음에 대한 두려움만 키울 뿐이다. 사람들은 자신의 가족이 언
젠가 떠날 수 있다는 것을 두려워하며 그 뒤를 감히 상상하려고
도 하지 않는다. 마찬가지로 자신의 죽음에도 두려움을 느낀다.
이런 악순환은 어떻게 해야 죽음을 담담하게 맞을 수 있으며 죽
음의 경계에서 발버둥 치는 사람들을 어떻게 대해야 하는지의
문제를 외면하게 한다. 결국 어떻게 죽음을 애도할 것인지조차
잊어버리게 만드는 것이다.

　　　소설『프랑켄슈타인』의 작가 메리 셸리Mary Shelly에게 어
머니는 '무덤 앞의 묘비'였다. 어머니가 그녀를 낳고 얼마 되지
않아 세상을 떠난 탓에 어머니의 체온을 직접 느낄 기회가 없었
고, 무덤 앞에서 어머니가 남긴 책을 읽으며 자랐기 때문이다.
덕분에 메리 셸리에게 무덤은 묘비만 있는 차가운 곳이 아니라
지식이 충만하고 어머니와 소통할 수 있는 장소가 되었다.『프
랑켄슈타인』에도 무덤에 대한 그녀의 특별한 의미가 반영되어
있다. 소설에는 이런 대사가 나온다. "생명을 이해하려면 반드
시 죽음으로 거슬러 올라가야 해." 여러 시체의 조각들로 이루

어진 소설의 주인공은 메리 셸리가 어머니의 저서에 자신의 개성을 더해 만들어낸 특별한 '괴물'이었다.

　　죽음에 관해 우리에게 필요한 것은 보호를 받는 일이 아니라 자주권을 찾는 일이다. 태어나면서부터 정체성을 잃을 위기에 마주해야 했던 메리 셸리는 죽은 어머니가 남긴 몇 마디 말에 자신의 창의력과 자주성을 보태어 자신이 '다시 사는' 기회를 만들어냈다. 마찬가지로 법의인류학자인 나 역시 망자들의 이야기를 마주할 때마다 그들을 나의 계기로 삼고자 노력한다. 세상을 떠난 이들을 통해 나는 삶을 새롭게 보고 아름답다고 느낄 기회를 얻었으며 내가 이 세상에 존재할 수 있음에 감사하게 되었다.

　　내가 유골 연구를 할 수 있도록 도움을 준 세계 각지의 고인들은 뼈를 통해 비밀을 이야기해주었다. 우리는 살아 있음을 느낄 수 있을 때 온 힘을 다해 느껴야 한다. 살아 있는 백 년에 비해 죽음의 시간은 훨씬 더 길고 더디기 때문이다. 나는 불공정한 대우나 핍박을 받아야 했던 상황을 마주하게 될 때마다 내가 할 수 있는 일은 무언지, 어떻게 해야 세상을 바꿀 수 있는지를 생각하게 된다. 덕분에 나는 겪은 일들과 가진 것에 더 감사하고 만족할 수 있게 되었다. 또, 나는 서서히 정치적 입장을 갖게 되었다. 새로운 곳에서는 천천히 현지의 문화에 녹아들고 그곳의 언어를 배우기도 한다. 맡은 사건이 끝난 후의 나는 그 사건을 맡기 전의 나와는 다른 사람이 된다.

역사적으로 한센병 환자는 사회 구성원의 억압을 받아 격리되었고 심지어 죽임을 당하기도 했다. 구약 성경에 보면 한센병에 대해 상세한 설명이 나와 있다. "남자든 여자든 피부에 나병과 비슷한 증상만 나타나도 7일 동안 격리되어야 하며 병세를 관찰해 병이 널리 퍼지지 않는지, 확실히 나병이 맞는지 확인해야 한다. 만약 제사장으로부터 나병이라 정확히 진단을 받으면 그는 불결하다 여겨져 멸시를 당하게 된다." 먼 옛날 한센병 환자는 죄인 취급을 받았다. 내재된 죄 때문에 신의 벌이 몸에 내려진 것이라 생각했기 때문이다. 그래서 중세 초반 유럽에서는 한센병 환자를 격리하는 의식을 많이 치렀다. 이를테면 환자를 빈 무덤에 넣고 흙을 조금 뿌린 뒤 성직자가 이 사람의 죽음을 선언하며 종말의 심판 날에 부활할 것이라고 말하는 것이다. 의식이 끝나면 가족과 친구들은 그에게 약간의 돈과 음식을 쥐여주며 성 밖으로 내보내 공식적으로 쫓아냈다. 그때부터 한센병 환자는 법률상 권리와 재산을 가질 수 있는 산 사람이 아니게 되어 사회에서도 죽은 사람 취급을 받았다.

현재의 우리는 법의인류학과 생물고고학 등을 통해 사는 동안 죽은 사람 취급을 받았던 사람들의 생리적 증상과 경험을 이해할 수 있을 뿐만 아니라 당시 사회의 문화와 역사도 알 수 있다. 우리는 '뼈'라는 타임머신을 통해 과거의 비극을 이해하여 비슷한 상황에서 더 잘 대처할 수 있다. 더 중요한 것은 미래를 위한 준비를 할 수 있다는 점이다.

물론, 우리의 생각은 전통과 문화의 제약을 받을 수밖에 없다. 역사를 돌아보면 사람들은 미학, 심지어는 예술의 측면에서 해부학과 인체를 바라보았다. 하지만 언제부터인가 미학과 인문학, 과학은 차갑고 날카로운 칼로 베듯 나뉘고 말았다. 그 때문에 오늘날의 우리는 늙는다는 것과 병, 죽음 등의 화제를 일상생활과 거리가 먼 것으로 여기고 있다.

근래에 들어서도 인도와 네팔 등지에서는 한센병에 걸린 사람들을 학대하는 사례가 있다. 한센병 환자 중에서도 여성은 더 심하게 불평등한 대우를 받고 있다. 한센병 때문에 버림을 받았던 이들의 역사가 지금 세대까지 이어진 것이다. 현대의 피해자들은 심지어 다중적인 주변화를 겪고 있다. 도대체 우리는 옛사람들의 가르침에서 무얼 깨달은 것인가? 역사가 준 교훈에서 아무것도 배우지 못한 것인가? 철학자 볼테르는 말했다. "살아 있는 자들에게서는 존경심을 발견하지만 죽은 자들에게서는 오직 진실만을 발견한다." 역사를 무시하면 우리는 살아 있는 사람들에게 존경을 빚질 뿐만 아니라 죽은 이들을 위해 노력했던 사람들에게도 빚을 지게 되고, 우리가 연구한 모든 유골의 인생 앞에서도 부끄러워질 것이다.

모든 유골에는 후세 사람들을 위한 저마다의 비밀이 담겨 있다. 하지만 이 비밀들 너머에 숨겨진 가장 큰 이치는 바로 이것이다. '너도 결국 죽게 된다는 것을 잊지 말라.' 그들은 내가 건넨 질문에 죽음으로 답한다. 이 이야기의 결론은 살아생전에 성별, 신분, 권력, 생활 수준, 사회적 지위, 성적 취향, 종교, 지역, 정치적 입장 등 어떤 꼬리표를 달고 있었다 해도 사람은 모두 똑같다는 것이다.

사람은 누구도 죽음을 피할 수 없다. 하지만 우리의 경험은 미래의 사람들이 꼭 배워야 할 교훈으로 남을 것이다. 이렇게 죽음과 뼈를 통해 과거와 연결되고 현재와 과거가 순환할 때 우리는 끊임없이 성장하며 앞으로 나아갈 수 있다.

감사의 말

2018년 초의 어느 날 오후, 나는 생각지도 못한 사람에게 메일 한 통을 받았다. 출판사 La Vie의 황첸후이 黃阡卉 편집장이었다.

나는 홍콩 화첸수출판사 花千樹出版社에서 『유골의 여음 屍 骨的餘音』시리즈를 2017년부터 출간했다. 2019년 5월 말, 독자 들과 맺은 약속대로 3년 만에 시리즈를 끝맺을 수 있었다. 이 시리즈는 독자와 언론 매체의 과분한 사랑을 받았다. 전혀 예상 하지 못했던 일이고, 지금까지도 믿기지 않는다. 『유골의 여음』 첫 권을 막 냈을 때만 해도 나는 책이 잘 안 팔리면 어쩌나 걱정 이 되어 2권, 3권은커녕 재판을 찍을 수 있을지도 물어보지 못 했다.

황첸후이 편집장의 메일을 열어본 순간, 앞서 말했던 비 현실적인 느낌을 다시 받게 되었다. 당시 나는 메일을 몇 번이고 다시 읽다가 30분 정도 멍하니 있었다. 그리고 다시 한번 내가 혹시 잘못 이해한 것은 아닌지 한 글자 한 글자 새겨가며 읽었다. '세상에, 타이완 출판사에서 나한테 책을 내자고 하는 거잖아?' 나는 다시 한번 내용을 확인한 후에 마음을 가다듬고 황첸후이 편집장에게 답장했다. 이렇게 이 책의 방향과 대략적인 내용을 구상하기 시작했다.

솔직히 말해 나는 글을 잘 쓰는 사람이 아니다. 그저 글 쓰는 과정을 좋아할 뿐이다. 글쓰기를 좋아하는 이유는 글을 쓰는 동안 생각이 명료해지기 때문이다. 2012년 6월의 어느 오후, 나는 룸메이트와 함께 뉴욕 5번가에서 열린 퍼레이드를 구경하러 갔다. 도중에 룸메이트와 헤어졌는데 웬 집시 아주머니가 걸어가는 나를 불렀다. 도망가려는 찰나 아주머니의 한 마디가 내 발걸음을 멈춰 세웠다. 아주머니는 내게 손을 내밀어보라고 하더니 질문을 던졌다. "아가씨, 글쓰기를 좋아하는구먼. 맞지?" 나는 홀린 듯이 고개를 끄덕였다(당시 나는 철학과 관련된 글쓰기를 좋아했는데, 글을 쓰는 동안 힐링이 되는 기분이 들었기 때문이다). 그러자 아주머니는 확신에 찬 목소리로 내게 말했다. "아가씨, 꼭 글을 써야 해. 뭘 쓰든 꼭 글을 써야 한다고! 글을 계속 쓰면 앞으로 생각지도 못한 걸 얻게 될 거야!"

당시만 해도 나는 집시 아주머니의 말에 크게 신경 쓰지 않았다. 신경을 쓴다고 뭘 또 어떻게 하겠는가? 그런데 몇 년 전 처음 책을 출판하게 되면서 그 아주머니의 말이 불쑥 생각났다. 황첸후이 편집장과 이 책을 써보자며 의기투합한 뒤에도 아주머니의 말이 떠올랐다.

　나는 이 책을 내자고 제의해준 황첸후이 편집장께 감사의 마음을 전하고 싶다. 무엇보다 나의 글쓰기가 지지부진하거나 원하는 표현을 뽑아내지 못할 때도 너그럽게 대해주느라 고생이 많으셨다. 더불어 내 책이 잘될 거라며 믿어주신 La Vie출판사와 본사인 청방원화城邦文化에도 감사드린다.

　특별히 이 작품을 추천해주신 『백공 속 인류학자』의 작가 숭스샹 박사님과 국립타이완대학교 법의학연구소 쑨자둥 교수님, 타이완경찰전문대학 과학수사과 쩡춘차오 부교수님, 〈미스터리 사건 조사 사무실〉팀, 홍콩《스탠드뉴스》의 자오웨이룬 에디터님, 타이완 과학 사이트 〈PanSci〉의 쩡궈웨이 지식장님께도 감사드린다. 내 글에 신뢰와 확신을 보내주신 것에 다시 한번 감사드리고 싶다.

　내 페이스북에 개설된 〈The Bone Room: 存骨房〉페이지의 독자들 한 분 한 분께도 특별히 감사드리고 싶다. 독자들의 지지가 없었다면 이 페이지와 앞서 썼던 글 모두 지금처럼 주목을 받지 못했을 것이다.

　마지막으로 나보다 앞서 일하신 법의학과 범죄감식학 전문가들께 감사의 마음을 전하고 싶다. 그들의 의지가 없었다면 대학살의 현장이나 무연고로 아무렇게나 묻힌 집단 무덤의 시체들은 영원히 발견되지 않았을 수도 있으며, 그들의 신원을 밝히기는 더더욱 어려웠을 것이다. 생명을 존중하고 인도주의를 위해 일해온 모든 이들에게도 감사하고 싶다. 그들은 사람의

감사의 말

생명이 존중받을 가치가 있다는 것을 고집하며 험난한 날들을 보내왔다. 이 책과는 별개로 소리 없이 일하는 그들은 칭찬받아 마땅하다.

물론 우리는 '침묵의 증인들'에게도 마땅히 감사해야 한다. 뼈의 방에는 2천 명이 넘는 '좋은 친구들'이 있다. 그들은 자신이 겪은 일생을 통해 내게 많은 것을 가르쳐주었다. 나는 뼈에서 그들의 이야기를 읽어낼 수 있었다. 더 중요한 점은 내게 생명을 어떻게 대해야 할지 죽음을 어떻게 받아들여야 할지 등 중요한 삶의 이치를 가르쳐주었다는 것이다.

감사하게도 나는 지난 2년 동안 책을 내고 강의를 하며 전공과 관련된 좋은 사람들을 많이 알게 되었다. 지금 이 책을 읽고 있는 당신을 포함해서 말이다. 지난날 나는 여러 나라와 지역에서 법의인류학과 관련된 일을 해왔다. 하지만 나는 넓고 끝없는 이 영역에서 여전히 배워야 할 것이 많은 학생이라고 생각한다. 내가 이렇게 초심을 잃지 않으려고 하는 것은 죽은 이들에게 존엄과 목소리를 돌려주고 유족들에게는 답을 찾아주기 위해서다. 지금껏 일해오며 때로는 대중의 의문을 사기도 했고 때로는 존중을 받지 못하기도 했다. 하지만 내게는 지지해주는 분들의 목소리가 훨씬 크게 느껴졌다. 응원을 보내준 모든 분께 정말 감사드리고 싶다.

나는 책을 한 권 낼 때마다 지금까지 가르쳐주신 은사님들께 특별한 감사의 뜻을 전했다. 나 리옌첸이 지금 여기까지 한 걸음 한 걸음 내딛을 수 있었던 것은 아래에 열거한 은사님들 덕분이다. (이름에는 특정 순서가 없다.)

펠리시아 마디메노스Felicia Madimenos 교수님, 타냐 페크만Tanya Peckmann 교수님, 제니아-폴라 키리아코우Xenia-Paula Kyriakou 씨, 엘지비에타 자스쿨스카Elzbieta Jaskulska 교수님, 라팔 페트너Rafal Fetner 박사님, 어마이드 자카리야Emiad Zakariya 박사님, 브루스 하이마Bruce Hyma 박사님, 모지뉴 코헤이아Mouzinho Correia 씨, 에이미 페레즈Amy Perez 씨, 프랑코 모라Franco Mora 씨, 발레스크 마르티네즈 레무스Valeska Martinez Lemus 씨.

더불어 부모님과 남동생, 가족들의 한결같은 응원에 감사드린다. 책을 쓰는 기간 동안 함께 웃고 울어준 친구들 덕에 스트레스를 덜 수 있었다.

정말 마지막으로 집이나 차, 모래사장(모래사장에 있는 것도 또 다른 즐거움이겠지만) 혹은 어느 카페에서 여기까지 읽는 데 성공한 당신에게 마음 깊은 곳에서 우러나오는 감사를 전하고 싶다. 내가 쓰는 글과 소재가 결코 쉽게 받아들일 수 있는 내용이 아님을 나 자신도 잘 알고 있다. 그렇기에 나는 독자 여러분이 책의 한 페이지 한 페이지, 그 너머의 의미까지 기꺼이 이해하고 깊이 생각해준 데 진심으로 감사드린다. 여러분이 책 속의 모든 뼈와 그들의 이야기를 나와 함께 해주어 우리에게는 좋은 추억이 생겼다.

나는 가능한 다양한 경로를 통해 독자들의 의견을 들으려고 노력한다. 이번에도 이 책을 읽는 독자들의 의견과 비평을 들으려 애쓸 것이다. 부디 여러분이 마음에 깨달은 내용을 나에

189

감사의 말

게 나누어줄 수 있길 바란다. 그리고 많은 뼈의 경험과 이야기
로 곧 만날 수 있길 기대한다!

이 책은 홍콩이 민주화 운동으로 한창 들끓고 있던 해에 집필한 것이라   191
글을 쓰는 내내 기분이 복잡했다. 본래 책 한 권을 쓰는 것이 쉽지 않은
일인데 이런 상황까지 겹치니 어려움이 몇 배로 더해졌다.

    법의인류학에 관한 책을 쓰려면 매우 폭넓은 범위의 자료를 참
고해야 한다. 인류학이라는 것 자체가 다원화되어 있어 두루두루 살펴
야 하는 학문 분야가 아니던가. 특히나 법의인류학에는 의학, 법의학,
역사, 사회학, 풍속문화, 철학 등 다양한 학문 분야가 포함되어 있어 참
고해야 할 문헌도 매우 다양하다. 그래서 나는 우리가 나눌 주제에 보탬
이 될 수 있는 개략적 소개와 문헌, 보도, 인류학 및 법의학 지식 등을 최
대한 많이 동원했다. 물론 이것들은 이 분야의 선배들과 학자들이 피땀
흘려 연구한 결과 중에서도 빙산의 일각일 뿐이다. 부족한 점이 있다면
지적을 부탁드린다.

    이하는 이 책을 쓸 때 참고한 자료다. 자료들은 대부분 대중적
인 것들이라 학술 분야에 큰 열정이 없는 독자라 해도 쉽게 읽을 수 있

을 것이라 생각한다. 또한, 글에 등장하는 영문은 대부분 내가 원문을
직접 번역한 것이다. 간혹 틀린 곳이 있다면 내 번역의 오류라고 생각해
주길 바란다.

들어가는 말

- Edge, J. 2018, September 26. Diagnosing the past. Wellcome Collection. Retrieved from: https://wellcomecollection.org/articles/W5D4eR4AACIArLL8?fbclid=IwAR13JK9b7D96zABIaON9UwcoX-mehrp7CLx3zQEO5nLb4_erSJAvGbqyUB8
- Switek, B. 2019. *Skeleton Keys: The Secret Life of Bone*. New York: Riverhead Books.

1부 삶과 죽음의 경계를 넘다

1장 이름을 되찾아야 하는 이유

- Blau, S. and Briggs, CA. 2011, February 25. The role of forensic anthropology in Disaster Victim Identification (DVI). Forensic Sci Int. 2011 Feb 25;205(1-3):29-35.
- Cattaneo, C., De Angelis, D. & Grandi, M. 2006. Mass Diasters. In A. Schmitt, E. Cunha, & J. Pinheiro, (Eds.), *Forensic anthropology and medicine: Complementary sciences from recovery to cause of death*. Totowa, NJ: Humana Press.
- Cunha, E. & Cattaneo, C. 2006. Forensic Anthropology and Forensic Pathology: The State of the Art. In A. Schmitt, E. Cunha, & J. Pinheiro, (Eds.), *Forensic anthropology and medicine: Complementary sciences from recovery to*

cause of death. Totowa, NJ: Humana Press.

- Hannaford, A. 2017, August 20. Missing in the US desert: finding the migrants dying on the trail north. The Guardian. Retrieved from: https://www. theguardian.com/world/2017/aug/20/finding-migrants-who-died-crossing-the-us-border

- ICRC (International Committee of the Red Cross). (2015, April 16). Identifying the dead: Why ICRC is increasing its forensic expertise in Africa. Retrieved from: https://www.icrc.org/en/document/identifying-dead-why-icrc-increasing-its-forensic-expertise-africa

- Romero, S. 2018, July 13. They Have a Mission in the Desert: Finding the Bodies of Border Crossers. The New York Times. Retrieved from: https://www. nytimes.com/interactive/2018/07/13/us/california-border-deaths.html

- Sung, T. 1247. *The Washing Away of Wrongs: Forensic Medicine in Thirteenth-Century China* (Science, Medicine, and Technology in East Asia). (Brian E. McKnight, Trans.). Ann Arbor, MI: Centre for Chinese Studies, The University of Michigan. (Original work published in 1247).

- Thompson, T. & Gowland, R. 2019, November 07. The human body never truly disappears—finding the remnants of a tragic end can help us uncover atrocities. The Conversation. Retrieved from: https://theconversation. com/the-human-body-never-truly-disappears-finding-the-remnants-of-a-tragic-end-can-help-us-uncover-atrocities-122817

- Ubelaker, D. H. 2006. Introduction to Forensic Anthropology. In A. Schmitt, E. Cunha, & J. Pinheiro, (Eds.), *Forensic anthropology and medicine: Complementary sciences from recovery to cause of death*. Totowa, NJ: Humana Press.

- 李衍蒨, 2018年 2月 15日, 邊境的骨骸. CUP 媒體:《骸骨傳記》. 取自: http:// www.cup.com.hk/2018/02/15/winsome-lee-illegal-immagrants-from-mexico-to-us/

● 鄒濬智·蔡佳憲, 2016. 是誰讓屍體說話?: 看現代醫學如何解讀《洗冤集錄》. 台
灣: 獨立作家出版.

2장 뼈 대신 말하는 사람

● Chappell, B. 2018, November 06. Islamic State Dumped At Least 6000 Bodies
In Mass Graves in Iraq, U.N. Says. National Public Radio, Middle East.
Retrieved from: https://www.npr.org/2018/11/06/664641098/islamic-
state-dumped-at-least-6-000-bodies-in-mass-graves-in-iraq-u-n-say
s?fbclid=IwAR3qA8UBGWnRAk2kgRQq69NTsMeLGSZ1djTIk4e6Wb
Oe7-NVBPlS0Fj1R_o

● Colwell, C. 2017, October 18. Your Bones Live On Without You. The
Atlantic. Retrieved from: https://www.theatlantic.com/technology/
archive/2017/10/your-bones-live-on-without-you/543312/

● Dupras, T.L., Schultz, J.J., Wheeler, S.M., and Williams, L.J. 2006.The
Application of Forensic Archaeology to Crime Scene Investigation In
Forensic Recovery of Human Remains: Archaeological Approaches. Boca
Raton: CRC Taylor & Francis Group.

● Keough, M.E. 2004. Missing persons in post-conflict settings: best practices for
integrating psychosocial and scientific approaches. JRSH 2004; 124(6):
271-275.

● Klepinger, L.L. 2006. *Fundamentals of Forensic Anthropology*. New Jersey: John
Wiley & Sons, Inc.

● Klinkner, M. & Kather, A.L. 2016, December 15. Mass graves are horrific, but
they must be protected to ensure justice for the victims. The Conversation.
Retrieved from: https://theconversation.com/mass-graves-are-horrific-
but-they-must-be-protected-to-ensure-justice-for-the-victims-
69266?utm_source=facebook&utm_medium=facebookbutton&fbclid=I
wAR0OQCCAf33MPUL8dgGmJrRZn6PDvCK_7GF7C969YLdrxF4og5

E9rLp4VGQ

- Strauss, M. 2016, April 07. When is it okay to dig up the dead? National Geographic. Retrieved from: https://news.nationalgeographic.com/2016/04/160407-archaeology-religion-repatriation-bones-skeletons/

- Ubelaker, D. 1999. *Human Skeletal Remains, Excavation, Analysis, Interpretation.* 3rd Edition. Taraxacum. Washington DC.

- UCT News. 2019, November 05. "We knew their names." This is Africa. Retrieved from: https://thisisafrica.me/african-identities/we-knew-their-names/?fbclid=IwAR3j7bSuGNGoB6G3icwA0Jd7bltf_dCgoR58_50tRIwfdCHMTSGFew8vSPU

- UNAMI/OHCHR. November 06, 2018. Unearthing Atrocities: Mass Graves in territory formerly controlled by ISIL. Retrieved from: https://www.ohchr.org/Documents/Countries/IQ/UNAMI_Report_on_Mass_Graves4Nov2018_EN.pdf

- 李衍蒨, 2018年11月16日, 骨骸揭穿逾六千宗暴行. CUP 媒體:《骸骨傳記》. 取自: https://www.cup.com.hk/2018/11/16/winsome-lee-isil-dumped-6000-bodies-in-iraq/

- 李衍蒨, 2018年12月19日, 法醫考古學. CUP 媒體:《骸骨傳記》. 取自: https://www.cup.com.hk/2019/12/19/winsome-lee-forensic-archaeologist/

3장 흔적을 따라가다 보면

- Augenstein, S. 2017, April 04. Hair Isotope Analysis Could Reveal Sex, BMI, Diet, Exercise. Forensic Mag. Retrieved from: https://www.forensicmag.com/news/2017/04/hair-isotope-analysis-could-reveal-sex-bmi-diet-exercise#.WOeOUKNqq5w.facebook

- Bartelink, E. J., et al. 2014. Application of Stable Isotope Forensics for Predicting Region of Origin of Human Remains from Past Wars and Conflicts.

Annals of Anthropological Practice, 38.1：124-136.

- Bentley, R.A., 2006. Strontium isotopes from the earth to the archaeological skeleton：a review. Journal of Archaeological Method and Theory, 13：135-187.

- Gannon, M. 2016 December 12. What Doomed Franklin's Polar Expedition？ Thumbnail Holds Clue. Live Science. Retrieved from：https://www. livescience.com/57176-what-doomed-franklin-polar-expedition.html

- Rodgers, G. 2017, January 23. Forensic Facts From the Fatal Franklin Expedition. HUFFPOST. Retrieved from：https://www.huffpost.com/entry/ franklin-expedition-northwest-passage_b_9013366

- Schwarcz, H.P., White, C.D., and Longstaffe, F.J. 2010. Stable and Radiogenic Isotopes in Biological Archaeology：Some Applications. In J.B. West, G.J. Bowen, T.E. Dawson, and K.P. Tu（Eds.）Isoscapes：Understanding movement, pattern, and process on Earth through isotope mapping. New York：Springer Science ＋ Business Media B.V.

- Swanston T, Varney TL, Kozachuk M, Choudhury S, Bewer B, Coulthard I, et al. 2018. Franklin expedition lead exposure：New insights from high resolution confocal x-ray fluorescence imaging of skeletal microstructure. PLoS ONE 13(8)：e0202983.

- Switek, B. 2019. *Skeleton Keys: The Secret Life of Bone*. New York：Riverhead Books.

- 李衍蒨, 2017年 6月 22日, 生死也受惠――同位素分析. CUP 媒體：《骸骨傳記》. 取自：http://www.cup.com.hk/2017/06/22/winsome-lee-stable-isotope-analysis/

- 魏靖儀（編譯）, 2014年 9月 14日, 尋獲170年前的北冰洋沈船.《國家地理》. 取自：https://www.natgeomedia.com/environment/article/content-5594.html

- 李衍蒨, 2017年 8月 22日, Fortune―被藏在衣櫃的奴隸骨骸.《立場新聞》. 取自：https://thestandnews.com/cosmos/fortune-%E8%A2%AB%E8%97%8

F%E5%9C%A8%E8%A1%A3%E6%AB%83%E7%9A%84%E5%A5

%B4%E9%9A%B8%E9%AA%A8%E9%AA%B8/

2부 뼈는 삶을 이야기한다

1장 뼈가 녹아내린 노동자들

- David, A. M. 2015, November 04. The Arsenic Dress: How Poisonous Green Pigments Terrorized Victorian Fashion. Pictorial. Retrieved from: https://pictorial.jezebel.com/the-arsenic-dress-how-poisonous-green-pigments-terrori-1738374597
- Emery, K.M. 2013, August 13. Mercury Poisoning and the day before death. Bones Don't Lie. Retrieved from: https://bonesdontlie.wordpress.com/2013/08/13/mercury-poisoning-the-day-before-death/
- Fairclough, P. 2011, September 23. Spontaneous human combustion a hot topic once more. The Guardian, From the archive blog. Retrieved from: https://www.theguardian.com/theguardian/from-the-archive-blog/2011/sep/23/spntaneous-human-combustion-archive
- Harkup, K. 2017, October 31. 'The Devil's element': the dark side of phosphorus. The Guardian. Retrieved from: https://www.theguardian.com/science/blog/2017/oct/31/the-devils-element-the-dark-side-of-phosphorus
- Killgrove, K. 2016, May 04. Matchsticks Once Sickened and Deformed Women and Children. Mental Floss. Retrieved from: http://mentalfloss.com/article/79545/matchsticks-once-sickened-and-deformed-women-and-children
- Little, B. 2016, October 17. Killer Clothing Was all the Rage in the 19th Century. National Geographic. Retrieved from: https://news.nationalgeographic.

com/2016/10/dress-hat-fashion-clothing-mercury-arsenic-poison-history/

● Li, H. et al. 2017. Medium-term results of ceramic-on-polyethylene Zweymüller-Plus total hip arthroplasty. Hong Kong Med J 2017(23) : 333-339.

● MailOnline. 2010, January 25. Found in wallpapers, dresses and even libido pills : Arsenic, the Victorian Viagra that poisoned Britain. Retrieved from : http://www.dailymail.co.uk/health/article-1245809/Found-wallpapers-dresses-libido-pills-Arsenic-Victorian-Viagra-poisoned-Britain.html

● Meier, A. 2014, June 20. Fatal Victorian Fashion and the Allure of the Poison Garment. Hyperallergic. Retrieved from : https://hyperallergic.com/133571/fatal-victorian-fashion-and-the-allure-of-the-poison-garment/

● Ong, K.L. Yun, B.M. & White, J.B. 2015. New biomaterials for orthopaedic implants. Orthopedic Research and Reviews 2015 (7) : 107-130.

● Phys Org. 2013. The day before death : A new archaeological technique gives insight into the day before death. Retrieved from : https://phys.org/news/2013-08-day-death-archaeological-technique-insight.html

● Roberts, C.A. 2016. Paleopathology and its relevance to understanding health and disease today : the impact of the environment on health, past and present. Anthropological Review, vol.79(1), 1-16(2016).

● Wu, C.T., Lu, T.Y., Chan, D.C., Tsai, K.S., Yang, R.S., and Liu, S.H. 2014. Effects of arsenic on osteoblast differentiation in vitro and on bone mineral density and microstructure in rats. Environ Health Prospect 122 : 559-565; Retrieved from : http://dx.doi.org/10.1289/ehp.1307832

● Ziering, A. & Herdy, A. (Producers). 2018, July 12. The Bleeding Edge [Documentary]. United States : Netflix.

● 李衍蒨, 2018年 8月 23日, 受火柴工業影響的骨骸. CUP 媒體 :《骸骨傳記》. 取自 : https://www.cup.com.hk/2018/08/23/winsome-lee-phossy-jawmatch-making-industries/

2장 몸에 남는 삶의 증거들

● Blessing, M.M., & Lin, P.T. 2017. Identification of Bodies by Unique Serial Numbers on Implanted Medical Devices. J Forensic Sci. 2017.

● Byard, W. R. 2013. Tattoos: forensic considerations. Forensic Science Medical Pathology, 9: 534-542.

● Cheung, K.W. et al. 2013. Patient perception and knowledge on total joint replacement surgery. Hong Kong Med J 2013(19): 33-37.

● Christensen, A.M., Passalacqua, N.V., Bartelink, E.J. Ed., 2014. *Forensic Anthropology: Current Methods and Practice*. San Diego, Oxford: Elsevier.

● Cornish, A. 2018, May 02. In Rwandan Mass Graves, There are Few Ways to Identify the Dead. Clothing is One. NPR.org. Retrieved from: https://www.npr.org/2018/05/02/607781596/in-rwandan-mass-graves-clothing-is-one-of-the-only-ways-to-identify-dead

● Fairgrieve, S.I. 2008. *Forensic Cremation: Recovery and Analysis*. Boston, New York: CRC Press.

● House Select Committee on Assassinations, 1979. Final Assassinations Report.

● Imaizumi, K. 2015, September 12. Forensic investigation of burnt human remains. Research and Reports in Forensic Medical Science, Volume 2015:5, pp 67-74.

● Karsai, S., Krieger, G., & Raulin, C. 2009. Tattoo removal by non-professionals— medical and forensic considerations. Journal of The European Academy of Dermatology and Venereology. 2010 July; 24(7): 756-62. doi: 10.1111/j.1468-3083.2009.03535.x.

● KGET News. 2018, May 24. Jane Doe in 1980 California murder had Seattle tattoo. Retrieved from: https://www.king5.com/article/news/crime/jane-doe-in-1980-california-murder-had-seattletattoo/281-558022516

- Kerley, E.R., Snow, C.C., 1979, March 09. Authentication of John F. Kennedy's Autopsy Radiographs and Photographs. Final Report to the Select Committee on Assassinations, US House of Representatives.

- PBS.org. 2019. Textile Analysis: History Detectives. Retrieved from: http://www.pbs.org/opb/historydetectives/technique/textile-analysis/

- Simpson, E.K. et al. 2007. Role of Orthopedic Implants and Bone Morphology in the Identification of Human Remains. J Forensic Sci. 52(2): 442-448.

- William, G.A. 2018. Forensic textile damage analysis: recent advances. Dovepress, Research and Reports in Forensic Medical Science, 2018(8): 1-8.

- Wiseman, E. 2019, March 03. 'Underwear dates well': how fashion forensics are helping solve crimes. The Guardian. Retrieved from: https://www.theguardian.com/global/2019/mar/03/underwear-dates-well-how-fashion-forensics-are-helping-solve-crimes

- 李衍蒨, 2018年 3月 22日, 甘迺迪總統身份辨識. CUP 媒體:《骸骨傳記》. 取自: https://www.cup.com.hk/2018/03/22/winsome-lee-body-of-us-president-kennedy/

- 李衍蒨, 2018年 5月 31日, 無名紋身女子. CUP 媒體:《骸骨傳記》. 取自: https://www.cup.com.hk/2018/05/31/winsome-lee-unidentified-victim-with-tattoos/

3장 바다에 가라앉은 사람들

- Anderson G.S., Bell L.S. 2014. Deep Costal Marine Taphonomy: Investigation into Carcass Decompoistion in the Saanich Inlet, British Columbia Using a Baited Camera. PLos ONE, 9(10):e110710. Doi:10.1371/journal.pone.0110710

- Costandi, M. 2015, May 05. Life after death: the science of human decomposition. The Guardian, Neurophilosophy. Retrieved from: https://

www.theguardian.com/science/neurophilosophy/2015/may/05/life-after-death

- Costandi, M. 2017, December 06. This Is What Happens After Death. Huffpost, Science. Retrieved from: https://www.huffingtonpost.com/2015/05/21/what-happens-when-you-die_n_7304232.html

- Lewis, T. 2014, October 28. What Happens to a Dead Body in the Ocean?. LiveScience. Retrieved from: https://www.livescience.com/48480-what-happens-to-dead-body-in-ocean.html

- Munkress, J.W. 2009. Arid climate decomposition and decay: A taphonomic study using swine. UNLV Theses, Dissertations, Professional Papers and Capstones. 1139.

- Morgan, J.S. 2014, September 02. Postmortem: The life and deaths of a medicolegal death Investigator. Vice.com. Retrieved from: https://www.vice.com/en_us/article/postmortem-0000449-v21n9

- Nystrom, K.C. 2019. *The Bioarachaeology of Mummies*. New York: Routledge

- Scutti, S. 2014, December 15. What A Forensic Scientist Doesn't Tell You: 7 Postmortem Responses Of A Dead Body. Medical Daily.com. Retrieved from: http://www.medicaldaily.com/what-forensic-scientist-doesnt-tell-you-7-postmortem-responses-dead-body-314404

- Pinheiro, J. 2006. Decay Process of a Cadaver. In: Schmitt A., Cunha E., Pinheiro J. (eds) Forensic Anthropology and Medicine. Humana Press.

- Stolze, D. 2014, February 17. Soap on a Bone: How Corpse Wax Forms. Atlas Obscura. Retrieved from: https://www.atlasobscura.com/articles/morbid-monday-soap-on-a-bone

- Stromberg, J. 2015, March 13. The science of human decay: Inside the world's largest body farm. The Vox.com. Retrieved from: http://www.vox.com/2014/10/28/7078151/body-farm-texas-freeman-ranch-decay

- 《M Plus》, 2016年 07月 04日, 肺結核如何改變維多利亞時尚. 取自: https://

www.mplus.com.tw/article/1230

- 李衍蒨, 2017年 11月 30日,「鬼船」與世越號 —— 水中腐化的迷思（上）. CUP 媒體:《骸骨傳記》. 取自：https：//www.cup.com.hk/2017/11/30/ winsome-lee/

- 李衍蒨, 2017年 12月 7日,「鬼船」與世越號 —— 水中腐化的迷思（下）. CUP 媒體:《骸骨傳記》. 取自：https：//www.cup.com.hk/2017/12/07/ winsome-lee-sinking-of-mv-sewol-2/

- 李衍蒨, 2018年 2月 1日, 鐵達尼號罹難者的下落. CUP 媒體:《骸骨傳記》. 取自： https：//www.cup.com.hk/2018/02/01/winsome-lee-titanic/

- 李衍蒨, 2019年 9月 26日,「石化」屍體. CUP 媒體:《骸骨傳記》. 取自：https：// www.cup.com.hk/2019/09/26/winsome-lee-the-woman-who-turned- to-stone/

4장 눌린 뼈, 튀어나온 뼈

- Barras, C. 2014, October 13. Why early humans reshaped their children's skulls. BBC, Discoveries. Retrieved from：http://www.bbc.com/earth/ story/20141013-why-we-reshape-childrens-skulls

- Chawanaputorn, D., et. al. 2005. Facial and Dental Characteristics of Padaung Women（long-neck Karen）Wearing Brass Neck Coils in Mae Hong Son Province, Thailand. American Journal of Orthodontics and Dentofacial Orthopedics, 131(5), 639-645.

- Gaia. 2017. Unearthing Nazca. Retrieved from：https://www.gaia.com/lp/ unearthing-nazca-members/

- Gibson, R. 2015. Effects of Long Term Corseting on the Female Skeleton：A Preliminary Morphological Examination. Nexus：The Canadian Student Journal of Anthropology, Volume 23(2), September 2015：45-60.

- Heaney, C. 2017, August 01. The Racism Behind Alien Mummy Hoaxes. The Atlantic. Retrieved from：https://www.theatlantic.com/science/

archive/2017/08/how-to-fake-an-alien-mummy/535251/

• Holloway, A. 2014, February 08. Unravelling the Genetics of Elongated Skulls-
  Transcript of Interview with Brien Foerster. Retrieved from: http://
  www.ancient-origins.net/news-evolution-human-origins/initial-dna-
  analysis-paracas-transcript-399284

• Holloway, A. 2017, January 09. Bizarre 3-Fingered Mummified Hand Found
  in A Tunnel in the Peruvian Desert. Retrieved from: http://www.
  ancient-origins.net/news-mysterious-phenomena/bizarre-3-fingered-
  mummified-hand-found-tunnel-peruvian-desert-007340

• Ismail, J. 2008. Ethnic Tourism and the Kayan Long-Neck Tribe in Mae Hong
  Son, Thailand. Thesis, Masters of Arts in Asian and Pacific Studies,
  Victoria University.

• Killgrove, K. 2016, October 06. Skeleton of a 19th-Century British Man Reveals
  He Wore a Corset. Mental Floss. Retrieved from: http://mentalfloss.com/
  article/87052/skeleton-19th-century-british-man-reveals-he-wore-
  corset

• Mcdermott, A. 2017, June 20. Paradigm Shift Required? 3-Fingered Mummified
  Humanoid Found in Peru May Change the Story of Human Origins.
  Retrieved from: http://www.ancient-origins.net/news-evolution-
  human-origins/paradigm-shift-required-3-fingered-mummified-
  humanoid-found-peru-may-021451

• Mydans, S. 1996, October 19. New Thai Tourist Sight: Burmese' Giraffe
  Women. New York Times. Retrieved from: http://www.nytimes.
  com/1996/10/19/world/new-thai-tourist-sight-burmese-giraffe-
  women.html

• Prestigiacomo, C.J. and M. Krieger. 2010. Deformations and malformations: the
  history of induced and congenital skull deformity. Neurosurg Focus 29(6):
  Introduction, 2010.

- Shahar, D. & Sayers, M.G.L. 2018. Prominent exostosis projecting from the occipital squama more substantial and prevalent in young adult than older age groups. Scientific Reports volume 8, Article number: 3354. doi: 10.1038/s41598-018-21625-1

- Shahar, D. & Sayers, M.G.L. 2016. A morphological adaptation? The prevalence of enlarged external occipital protuberance in young adults. Journal of Anatomy, 229 (2). doi: 10.1111/joa.12466

- Stanley-Becker, I. 2019, June 25. 'Horns' are growing on young people's skulls. Phone use is to blame, research suggests. The Washington Post. Retrieved from: https://www.washingtonpost.com/nation/2019/06/20/horns-are-growing-young-peoples-skulls-phone-use-is-blame-research-suggests/?utm_term=.4fbbb4c820d2

- Stone, P.K. 2012. Binding Women: Ethnology, Skeletal Deformations, and Violence Against Women. International Journal of Paleopathology 2(2012), 53-60.

- ThaiMed. 2009. Women of the Long Neck Karen Tribe Removing Rings. Retrieved from: http://www.thaimedicalnews.com/medical-tourism-thailand/long-neck-karen-tribe-thailand-burmese-border-remove-rings/

- Waldron, T. 2008. *Paleopathology*. Cambridge: Cambridge University Press.

- Winter, K. 2015, January 22. Woman Obsessed With Burmese Tribes Wears Special Rings in Attempt to Stretch Her Neck to 12in Long. Daily Mail. Retrieved from: http://www.dailymail.co.uk/femail/article-2921362/Woman-Strange-Addition-wants-stretch-neck-TWELVE-INCHES-long.html

- 李衍蒨, 2017年 10月 31日, 世界木乃伊系列: 納斯卡三指木乃伊?《立場新聞》. 取自: https://www.thestandnews.com/cosmos/%E4%B8%96%E7%95%8C%E6%9C%A8%E4%B9%83%E4%BC%8A%E7%B3%BB

%E5%88%97-%E7%B4%8D%E6%96%AF%E5%8D%A1%E4%B8%
89%E6%8C%87%E6%9C%A8%E4%B9%83%E4%BC%8A/

- 李衍傅，2019年 7月 26日，顧骨長「角」：電話惹的禍？《立場新聞》．取自：
  https://www.thestandnews.com/cosmos/%E9%A1%B1%E9%AA%A8
  %E9%95%B7-%E8%A7%92-%E9%9B%BB%E8%A9%B1%E6%83
  %B9%E7%9A%84%E7%A6%8D/

_____

3부 죽음이 남긴 메시지

1장 뼈에 대한 예의

- BBC News. 2015, April 15. US to exhume remains of Pearl Harbor dead for
  identification. Retrieved from: http://www.bbc.com/new/world-us-
  caanada-32313713
- Carney, S. 2007, November 27. Inside India's Underground Trade in Human
  Remains. WIRED. Retrieved from: https://www.wired.com/2007/11/
  ff-bones/
- Colwell, C. 2017, November 16. The Long Ethical Arc of Displaying Human
  Remains. Atlas Obscura. Retrieved from: https://www.atlasobscura.com/
  articles/displaying-native-american-remains
- Coughlan, S. 2007, May 22. Museum offered head for shrinking. BBC
  News. Retrieved from: http://news.bbc.co.uk/2/hi/uk_news/
  education/6679697.stm
- Fawcett K. 2017, June 14. The Spiritual Purpose Behind Shrunken Heads. Mental
  Floss. Retrieved from: http://mentalfloss.com/article/501831/spiritual-
  purpose-behind-shrunken-heads
- Leake, C. 2010, January 09. Bodies' exhibition accused of putting executed
  Chinese prisoners on show. Daily Mail. Retrieved from: http://www.

dailymail.co.uk/news/article-1241931/Bodies-Revealed-exhibition-accused-putting-executed-Chinese-prisoners-show.html

- National Geographic. 2009. How to Shrink a Human Head. Retrieved from：https://www.youtube.com/watch?v＝GLWkhlnLXP0
- Peers, L. 2010. Shrunken Heads- Tsantsas. Oxford：Pitt Rivers Museum. Retrieved from：https://www.prm.ox.ac.uk/shrunkenheads
- Ravilious, K. 2013, April 08. A forgotten graveyard, the dawn of modern medicine, and the hard life in 19th- Century London. Haunt of the Resurrection Men, 89-1305. Retrieved from：http://www.archaeology.org/issues/89-1305/features/737-royal-london-hospital-burials
- Roy, E.A. 2016, May 27. US returns remains of 54 indigenous people to New Zealand. The Guardian, New Zealand. Retrieved from：https://www.theguardian.com/world/2016/may/27/new-zealand-repatriation-remains-maori-indigenous-people-mummified-heads
- Soniak, M. 2013, January 24. How Are Shrunken Heads Made. Mental Floss. Retrieved from：http://mentalfloss.com/article/33607/how-are-shrunken-heads-made
- Smithsonian Channel. 2016. The Reason This South American Tribe Shrunk Their Enemies' Heads. Secrets. Retrieved from：https://www.youtube.com/watch?v＝BbLg4Pji5xQ
- Smithsonian Channel. 2017. DNA Analysis Reveals Troubling News About Shrunken Heads. Secrets. Retrieved from：https://www.youtube.com/watch?v＝aw-PSlIlK5Y
- Ulaby, N. 2006, August 11. Origins of Exhibited Cadavers Questioned. NPR.org. Retrieved from：http://www.npr.org/templates/story/story.php?storyId＝5637687
- 李衍蒨, 2018年 7月 26日, 美軍珍珠港的戰利品. CUP 媒體；《骸骨傳記》. 取自https://www.cup.com.hk/2018/07/26/winsome-lee-american-

mutilation-of-japanese-war-dead/

● 史考特・卡尼(Scott Carney), 2012年 3月 04日,《人體交易：探尋全球器官掮客、骨頭小偷、血液農夫和兒童販子的蹤跡》(The Red Market), 麥田出版社.

2장 사람이 사람을 먹는다는 것

● Bello, S.M. et. al. 2016. Cannibalism versus funerary defleshing and disarticulation after a period of decay: Comparisons of bone modifications from four prehistoric sites. Am. J. Phys. Anthropol. 2016; 1-22. DOI:10.1002/ajpa.23079.

● Schutt, B. 2017. *Cannibalism: A Perfectly Natural History*. New York: Algonquin Books

● Conklin, B.A. 1995. "Thus Are Our Bodies, Thys Was Our Custom": Mortuary Cannibalism in an Amazonian Society. American Ethnologist, Vol. 22, No. 1 (Feb 1995), pp. 75-101

● Edwards, P. 2015, July 22. 7 surprising facts about cannibalism. Vox. Retrieved from: https://www.vox.com/2015/2/17/8052239/cannibalism-surprising-facts

● History. N.d. Donner Party. Retrieved from: https://www.history.com/topics/westward-expansion/donner-party

● Imaizumi, K. 2015, September 12. Forensic investigation of burnt human remains. Research and Reports in Forensic Medical Science, Volume 2015:5, pp 67-74.

● Inglis-Arkell, E. 2014, December 30. How the Pineapple Express killed the Donner Party. Io9. Retrieved from: https://io9.gizmodo.com/how-the-pineapple-express-killed-the-donner-party-1676275691

● Klepinger, L.L. 2006. *Fundamentals of Forensic Anthropology*. New Jersey: John Wiley & Sons, Inc.

● Lovejoy, B. 2016, November 07. A Brief History of Medical Cannibalism.

Lapham's Quarterly. Retrieved from: http://laphamsquarterly.org/
roundtable/brief-history-medical-cannibalism

- Mufson,B. 2018, June 12. This Guy Served His Friends Tacos from Own His
  Amputated Leg. VICE. Retrieved from: https://www.vice.com/en_us/
  article/gykmn7/legal-ethical-cannibalism-human-meat-tacos-reddit-
  wtf

- Pokines, J. T., & Symes, S. A. 2014. *Manual of forensic taphonomy*. Boca Raton:
  CRC Press/Taylor & Francis Group.

- Reddit : https://www.reddit.com/r/IAmA/comments/8p5xlj/hi_all_i_am_a_
  man_who_ate_a_portion_of_his_own/

- Sharma, L., P.F. Paliwal & B. L. Sirogiwal. 2010. Case Report: Bullet in the
  head- crime surfaces from ashes! J Indian Acad Forensic Med 31 (4), pp
  399- 401.

- 李衍蒨, 2019年 4月 4日, Donner Party —— 沒有選擇的食人隊伍. CUP 媒體:
  《骸骨傳記》, 取自: https://www.cup.com.hk/2019/04/04/winsome-
  lee-the-donner-party/

- 李衍蒨, 2018年 9月 20日, 食人文化. CUP 媒體:《骸骨傳記》, 取自: https://
  www.cup.com.hk/2018/09/20/winsome-lee-medicinal-cannibalism

com/indepth/features/2017/09/giant-charles-byrne-left-rest-peace-170918135540891.html

- Cook, MR. and L. Russell. 2016, December 01. Museums are returning indigenous human remains but progress on repatriating objects is slow. The Conversation. Retrieved from: http://theconversation.com/museums-are-returning-indigenous-human-remains-but-progress-on-repatriating-objects-is-slow-67378

- Free Charles Byrne Project. http://freecharlesbyrne.com/

- Garland-Thomson, R. 2016. Julia Pastrana, the "extraordinary lady." Alter, 11:1 (January-March 2017), pp. 35-49.

- The Irish Times. 2010, January 16. Irish Lives. Retrieved from: https://www.irishtimes.com/life-and-style/people/irish-lives-1.1241279

- Lovejoy, B. 2014, November 27. Julia Pastrana: A "Monster to the Whole World." The Public Domain Review. Retrieved from: https://publicdomainreview.org/essay/julia-pastrana-a-monster-to-the-whole-world

- Rowlandson, T. 2018, June 07. Why a London museum should return the stolen bones of an Irish giant. The Conversation. Retrieved from: https://theconversation.com/why-a-london-museum-should-return-the-stolen-bones-of-an-irish-giant-94774

- Troian, M. 2019, July 03. Federal Conservative candidate gives boyfriend human skull for birthday. National News. Retrieved from: https://aptnnews.ca/2019/07/03/federal-conservative-candidate-gives-boyfriend-human-skull-for-birthday/

- Wilcox, C. 2018, October 03. In a Study of Human Remains, Lessons in Science (and Cultural Sensitivity). UNDARK. Retrieved from: https://undark.org/2018/10/03/atacama-alien-chile-culture-ethics/

- 李衍蒨, 2019年 7月 11日, 生日骷髏頭. CUP 媒體:《骸骨傳記》. 取自: https://www.cup.com.hk/2019/07/11/winsome-lee-birthday-skull/

- 史考特 · 卡尼(Scott Carney), 2012年 3月 4日,《人體交易：探尋全球器官掮客、骨頭小偷、血液農夫和兒童販子的蹤跡》(The Red Market), 麥田出版社.
- 東野圭吾, 2016年 12月 27日,《人魚沈睡的家》(人魚の眠る家), 皇冠出版社.

4장 외롭게 세상을 떠나지 않도록

- Anton, M. 2011, June 04. Alone in life, Yvette Vickers is somewhat less alone in death. Los Angeles Times. Retrieved from: https://www.latimes.com/local/la-xpm-2011-jun-04-la-me-yvette-vickers-20110604-story.html
- Caron, C. 2011, May 04. 'Mummified' Former Playmate Swerved Between Recluse and Storyteller. Abc News. Retrieved from: https://abcnews.go.com/US/playmate-found-mummified-friends-portrait-yvette-vickers/story?id=13522253
- Christensen, A.M., N.V. Passalacqua, and E.J. Bartelink. 2014. *Forensic Anthropology: Current Methods and Practice*. Boston: Academic Press.
- Costandi, M. 2015, May 05. Life after death: the science of human decomposition. The Guardian, Neurophilosophy.
- Haglund, W.D. and M.H. Sorg. (Eds). 1997. *Forensic Taphonomy: The Postmoretm Fate of Human Remains*. Boston: CRC Press.
- Lovett, I. 2011, May 04. Mummified Body Found in Former Actress's Home. The New York Times. Retrieved from: https://www.nytimes.com/2011/05/05/us/05vickers.html
- Marche, S. 2012, May. Is Facebook Making Us Lonely? The Atlantic, Technology. Retrieved from: https://www.theatlantic.com/magazine/archive/2012/05/is-facebook-making-us-lonely/308930/
- Mikulan, S. 2012, February 01. Left Behind. Los Angeles Magazine. Retrieved from: https://www.lamag.com/longform/left-behind1/
- Munkress, J.W. 2009. Arid climate decomposition and decay: A taphonomic study using swine. UNLV Theses, Dissertations, Professional Papers and

Capstones. 1139.

- Pinheiro, J.E. 2006. Decay Process of a Cadaver. In A. Schmitt, E. Cunha, & J. Pinheiro, (Eds.), *Forensic anthropology and medicine: Complementary sciences from recovery to cause of death.* Totowa, NJ: Humana Press.
- Scientific Working Group for Forensic Anthropology (SWGANTH). 2011. Trauma Analysis.
- St. Fleur, N. 2017, June 02. How to Make a Mummy (Accidentally). The New York Times, Science. Retrieved from: https://www.nytimes.com/2017/06/02/science/spontaneous-mummification.html?_r=0
- 李衍蒨, 2019年 4月 25日, Playboy 女郎之死, CUP 媒體:《骸骨傳記》, 取自: https://www.cup.com.hk/2019/04/25/winsome-lee-playboy-playmate-yvette-vickers/

5장 메멘토 모리, 우리는 결국 뼈가 된다

- Black, S. 2018. *All That Remains.* London: Transworld Publishers.
- Macintosh, A.A., Pinhasi R., Stock, JT. 2017. Prehistoric women's manual labor exceeded that of athletes through the first 5500 years of farming in Central Europe. Sci. Adv. 2017;3:eaao3893.
- Moore, K.L., Dalley II, A.F.& Agur, A.M.R. 2017. *Clinically Oriented Anatomy.* LWW Press.
- Ruff C. et al. 2006. Who's afraid if the big bad Wolff?: "Wolff's Law" and bone functional adaptation. American Journal of Physical Anthropology 129: 484-498.
- Shaw CN, and Stock JT. 2009. Habitual throwing and swimming correspond with upper limb diaphyseal strength and shape in modern human athletes. American Journal of Physical Anthropology 140(1):160-172.
- Switek, B. 2019. *Skeleton Keys: The Secret Life of Bone.* New York: Riverhead Books.

- White, T. D., & Folkens, P. A. 2000. *Human osteology*. San Diego: Academic Press.

맺는 말: 죽음을 마주하는 법

- Char, S. 2009, October 10. Hawaii's Father Damien: From priesthood to sainthood. Hawai'I Magazine. Retrieved from: https://www. hawaiimagazine.com/blogs/hawaii_today/2009/10/10/Damien_Hawaii_ Saint_Molokai_Kalaupapa_canonization
- Jackson, K. 2013, February 09. Exploring the tragic beauty of Hawaii's remote Kalaupapa. The Seattle Times. Retrieved from: https://www.seattletimes. com/life/travel/exploring-the-tragic-beauty-of-hawaiirsquos-remote-kalaupapa/
- Lovejoy, B. 2018, October 03. Mary Shelley's Obsession with the Cemetery. JSTOR Daily. Retrieved from: https://daily.jstor.org/mary-shelleys-obsession-with-the-cemetery/
- National Park Service. N.d. A Brief History of Kalaupapa. Retrieved from: https://www.nps.gov/kala/learn/historyculture/a-brief-history-of-kalaupapa.htm
- Power, R. 2019, January 17. Our urgent need to do death differently. Melbourne: TEDx Melbourne. Retrieved from: https://www.youtube.com/watch?v=1A_ntn-icwc
- Ratcliffe, R. 2019. April 22. 'The harder you look the more you find': Nepal's hidden leprosy. The Guardian. Retrieved from: https://www.theguardian. com/global-development/2019/apr/22/nepal-hidden-leprosy
- Senthilingam M. 2015, September 09. Taken from their families: The dark history of Hawaii's leprosy colony. CNN, Health. Retrieved from: https://

edition.cnn.com/2015/09/09/health/leprosy-kalaupapa-hawaii/index.
html

- Ubelaker, D.H. 2018. Recent advances in forensic anthropology. Forensic Sciences Research, Vol. 3 2018, no.4, pp. 275-277.
- Waldron, T. 2008. *Paleopathology*. Cambridge: Cambridge University Press.

옮긴이 | 정세경

북경영화대학에서 공부한 뒤 싸이더스 픽처스에서 근무했다. 현재 중국어 출판 기획
자 및 번역가로 활동하며 심리학, 철학, 자기계발, 소설, 교양 등 다양한 분야의 책을
우리말로 옮기고 있다. 주요 역서로는 『뇌는 당신이 왜 우울한지 알고 있다』, 『서른이
면 어른이 될 줄 알았다』, 『인민의 이름으로』 등이 있다.

뼈의 방

1판 1쇄 발행 2021년 6월 21일

발행인 박명곤 **CEO** 박지성
프로젝트 매니저 김준원, 백지선, 구경표, 박연주

기획편집 채대광, 김준원, 박일귀, 이은빈, 백지선, 김수연
디자인 구경표, 한승주
마케팅 박연주, 유진선, 이호, 김수연
재무 김영은
펴낸곳 (주)현대지성
출판등록 제406-2014-000124호
전화 070-7791-2136 **팩스** 031-944-9820
주소 경기도 파주시 회동길 37-20
홈페이지 www.hdjisung.com **이메일** main@hdjisung.com
제작처 영신사 월드페이퍼

ⓒ 현대지성 2021

Inspiring Contents
현대지성은 여러분의 의견 하나하나를 소중히 받고 있습니다.
원고 투고, 오탈자 제보, 제휴 제안은 main@hdjisung.com으로 보내 주세요.